Pão Diário

90 DEVOCIONAIS TEMÁTICOS

"Mas os que confiam no Senhor
renovam suas forças; voam alto, como águias.
Correm e não se cansam, caminham e não desfalecem."
ISAÍAS 40:31

ESCRITORES:
Arthur L. Jackson, Cindy Hess Kasper, Dave Branon, David H. Roper, Elisa Morgan, Estera Pirosca Escobar, James Banks, John Blasé, Kirsten H. Holmberg, Leslie Koh, Lisa M. Samra, Mart DeHaan, Mike Wittmer, Monica Brands, Peter Chin, Randy K. Kilgore, Remi Oyedele, Timothy L. Gustafson, William E. Crowder, Winn Collier, Xochitl E. Dixon.

Tradução: Renata Balarini, Rita Rosário, Sandra Pina, Thaís Soler
Revisão: Dalila Mendes, Dayse Fontoura, Rita Rosário, Lozane Winter
Adaptação e edição: Rita Rosário
Coordenação gráfica: Audrey Novac Ribeiro
Diagramação: Denise Duck

Exceto se indicado o contrário, as citações bíblicas são extraídas da Bíblia Sagrada, Nova Versão Transformadora © 2016, Editora Mundo Cristão.

Proibida a reprodução total ou parcial, sem prévia autorização, por escrito, da editora. Todos os direitos reservados e protegidos pela Lei 9.610, de 19/02/1998.

Pedidos de permissão para usar para usar citações deste devocional devem ser direcionados a permissão@paodiario.org

PUBLICAÇÕES PÃO DIÁRIO
Caixa Postal 4190, 82501-970 Curitiba/PR, Brasil
E-mail: publicacoes@paodiario.org • Internet: www.paodiario.org

G5722 • 978-1-64641-082-8
1ª edição: 2020 • 2ª impressão: 2023

© 2020 Ministérios Pão Diário. Todos os direitos reservados.
Impresso na China

INTRODUÇÃO

ENCORAJAMENTO, FÉ E ESPERANÇA

"O Senhor é abrigo para os oprimidos, refúgio em tempos de aflição. Quem conhece teu nome confia em ti, pois tu, Senhor, não abandonas quem te busca."
Salmos 9:9-10

Selecionamos **90 meditações** do devocional *Pão Diário* para demonstrar a você como a Bíblia é uma fonte perene de encorajamento, fé e esperança a jorrar na vida daqueles que procuram nela as orientações para a sua caminhada ao lado de Cristo.

Cremos que essas meditações tornarão a leitura diária da Bíblia mais acessível e compreensível àqueles que buscam a Deus. As Escrituras nos edificam e nos ajudam a encorajar os outros. Revelam a nossa identidade em Deus e nos mostram como engrandecer o nome do Senhor.

Quando estamos desanimados ou com dificuldades em alguma situação, somos encorajados por nossa fé em Deus e pela

esperança de vida eterna que o Seu Filho nos prometeu. Sabemos que podemos orar e contar com o Senhor, pois Ele tem planos para cada um de nós e quer nos dar esperança e futuro (JEREMIAS 29:11). **Além disso, Ele ainda quer:**
Suster-nos quando entregamos nossas preocupações a Ele (SALMOS 55:22).

Que sejamos fortes e corajosos e que não nos apavoremos, pois Ele está conosco e não nos deixa nem nos abandona (DEUTERONÔMIO 31:6).

Que não sejamos abalados e que tenhamos a paz, a fé e a esperança nele (SALMOS 16:8; JOÃO 14:27).

Que tenhamos o espírito de poder, de amor e de equilíbrio (2 TIMÓTEO 1:7).

Que confiemos no Seu cuidado e que sejamos fortalecidos por Ele (1 PEDRO 5:7; FILIPENSES 4:13).

Portanto:

Tenhamos coragem, pois a Bíblia é nossa fonte de encorajamento lembrando-nos sempre de que em Jesus temos paz mesmo quando atravessamos aflições (JOÃO 16:33).

Tenhamos fé, pois Deus promete estar conosco e, por isso, não precisamos temer. Ele nos fortalece, ajuda e nos segura com a Sua mão vitoriosa (ISAÍAS 41:10).

Tenhamos esperança, pois Ele renova o nosso ânimo dia após dia (2 CORÍNTIOS 4:16).

Depois de ler estas meditações, desejamos que a oração que brotar da sua alma seja como esta:

Senhor, somos gratos porque Deus é o nosso refúgio e nossa força, sempre pronto a nos socorrer em tempos de aflição. Por isso não temeremos quando vierem terremotos e os montes desabarem no mar. Ainda que o oceano estrondeie e espumeje, que os montes estremeçam enquanto as águas se elevam e nos alegraremos com isso, ainda que por algum tempo, precisemos suportar muitas provações. Amém (SALMOS 46:1-3; 1 PEDRO 1:6).

DIA 1

VERDADEIRA ESPERANÇA

Leitura: Romanos 5:1-11

...pois o seu Espírito confirma a nosso espírito que somos filhos de Deus. Romanos 8:16

Há pouco tempo visitei um famoso local turístico com um amigo. A fila parecia curta, pois ia até o fim do quarteirão e virava a esquina. Ao entrarmos no edifício, descobrimos que a fila se estendia pelo salão, subia as escadas, e ia a outro recinto. Cada nova etapa revelava mais fila a vencer.

As atrações turísticas e parques temáticos posicionam as multidões para fazer as filas parecerem mais curtas. Mas a decepção pode estar "ao virar a curva".

Às vezes as decepções da vida são muito mais severas. O trabalho que esperávamos não se concretiza; amigos com os quais contávamos nos falham; o relacionamento romântico que desejamos não se resolve. Mas, nesses desgostos, a Palavra de Deus traz uma verdade revigorante sobre a nossa esperança nele. O apóstolo Paulo escreveu: "...dificuldades e provações [...] contribuem para desenvolvermos perseverança, e a perseverança produz caráter aprovado, e o caráter aprovado fortalece nossa esperança, e essa esperança não nos decepcionará, pois sabemos quanto Deus nos ama, uma vez que ele nos deu o Espírito Santo para nos encher o coração com seu amor" (5:3-5).

Ao colocarmos nossa confiança no Senhor, através de Seu Espírito, Deus nos confirma que somos incondicionalmente amados e estaremos um dia com Ele, independentemente dos obstáculos que enfrentamos. Em um mundo que muitas vezes pode nos decepcionar, como é bom saber que Deus concede a esperança genuína. *JBB*

Aba, Pai, obrigado por podermos sempre confiar em Teu amor perfeito e sem fim.

Em Cristo, os desesperados encontram esperança.

DIA 2

COMO UMA CRIANÇA PEQUENA

Leitura: Mateus 18:1-5; 19:13,14

...a menos que vocês se convertam e se tornem como crianças, jamais entrarão no reino dos céus. v.3

Uma noite, muitos anos atrás, depois de orar com a nossa filha de 2 anos, antes de ela ir dormir, minha esposa surpreendeu-se com a pergunta. "Mamãe, onde está Jesus?"

Ela lhe respondeu: "Jesus está no Céu e Ele está em toda parte, e também está aqui conosco. E pode estar em seu coração se você lhe pedir para entrar".

—Eu quero que Jesus entre em meu coração.
—Um destes dias você pode pedir-lhe.
—Quero pedir para Jesus estar no meu coração *agora*.

Então, nossa menininha disse: "Jesus, por favor, entre em meu coração e fique comigo". E isso iniciou sua jornada de fé com Ele.

Quando os discípulos de Jesus lhe perguntaram quem era o maior no reino dos céus, Ele chamou uma criança para vir e se juntar a eles (v.1,2). E disse, "a menos que vocês se convertam e se tornem como crianças, jamais entrarão no reino dos céus. [...] e quem recebe uma criança como esta em meu nome recebe a mim" (vv.3,5).

Através dos olhos de Jesus podemos ver uma criança confiante como o nosso exemplo de fé. E nos é dito que acolhamos a todos os que lhe abrem o coração. "Deixem que as crianças venham a mim", disse Jesus, "Não as impeçam, pois o reino dos céus pertence aos que são como elas" (19:14). — DCM

Senhor Jesus, obrigado por nos chamares para seguir-te com a fé confiante de uma criança.

Nossa fé em Jesus deve ser como a demonstrada pela criança confiante.

DIA **3**

EM TODO E EM LUGAR ALGUM

Leitura: Salmo 139:7-12

É impossível escapar do teu Espírito; não há como fugir da tua presença. v.7

Uma amiga da família que, como nós, perdeu uma adolescente em um acidente de carro, escreveu um tributo à sua filha, no jornal local. Uma das passagens mais fortes do artigo, após dizer que havia colocado muitas fotos e lembranças da filha pela casa, foi: "Ela está em todo lugar, mas em lugar algum".

Embora nossas filhas ainda nos sorriem através das fotos, o jeito espirituoso que abria tais sorrisos não pode ser encontrado. Elas estão em todo lugar — em nosso coração, nosso pensamento, naquelas fotos — mas em lugar algum.

Contudo as Escrituras nos dizem que, em Cristo, as duas jovens na verdade estão em algum lugar. Elas estão na presença de Jesus, "com o Senhor" (2 CORÍNTIOS 5:8). Estão com Aquele que, de certo modo, está "em algum lugar, e em todo lugar". Afinal, não vemos Deus de forma física. Certamente não temos fotos dele sorrindo em nossa sala. Na verdade, se olharmos ao redor, podemos até pensar que Ele não está presente. Mas o oposto é verdadeiro. Deus está em todo lugar!

Onde quer que estejamos nesta Terra, Deus lá está para nos guiar, fortalecer e confortar. Não podemos ir onde Ele não está. Não o vemos, mas o Senhor está em todo o lugar. Ele está em cada provação que enfrentamos, e essa notícia é incrivelmente boa.

JDB

Obrigado Senhor, por estares presente comigo aqui e agora. Ensina-me a descansar em ti.

Nosso maior conforto na tristeza
é saber que Deus está conosco.

DIA **4**

AMIGOS IMPROVÁVEIS

Leitura: Isaías 11:1-10

...o lobo viverá com o cordeiro, [...] e o leopardo se deitará junto ao cabrito... v.6

Meus amigos do *Facebook* postam vídeos de amizades improváveis entre os animais, como o de um cão e um porco que são inseparáveis, de um cervo e um gato ou ainda de um orangotango fêmea cuidando de filhotes de tigre.

Ao ver essas amizades incomuns, lembro-me da descrição do jardim do Éden. Lá, Adão e Eva viviam em harmonia com Deus e entre si. E, como Deus lhes deu plantas para alimento, imagino que até os animais viviam em paz (GÊNESIS 1:30). Mas essa cena idílica foi corrompida quando Adão e Eva pecaram (3:21-23). Agora, vemos luta e conflito constante nas relações humanas e na criação.

Ainda assim, o profeta Isaías garante que um dia: "...o lobo viverá com o cordeiro, [...] e o leopardo se deitará junto ao cabrito..." (v.6). Muitos interpretam que esse dia futuro será quando Jesus voltar para reinar, pois não haverá mais divisões "e não haverá mais morte, nem tristeza, nem choro, nem dor. Todas essas coisas passaram para sempre" (APOCALIPSE 21:4). Nessa Terra renovada, a criação será restaurada à harmonia inicial, e as pessoas de cada tribo, nação e língua, se juntarão para adorar a Deus (7:9,10; 22:1-5).

Até lá, Deus pode nos ajudar a restaurar os relacionamentos destruídos e a desenvolver amizades novas e improváveis. ADK

Querido Pai, ajuda-nos a derrubar as barreiras e a sermos amigos dos outros; e, à medida que o fizermos, capacita-nos para sermos portadores do evangelho da paz.

Um dia Deus restaurará o mundo à paz perfeita.

DIA 5

UMA TIGELA DE BÊNÇÃOS

Leitura: Romanos 1:1-10

Todas as vezes que penso em vocês, dou graças a meu Deus. Filipenses 1:3

O *plim* **conhecido** da chegada de e-mail chamou minha atenção, enquanto escrevia no computador. Normalmente tento resistir à tentação de ler cada e-mail, mas o assunto dele era atraente demais: "Você é uma bênção".

Ansiosa, abri e descobri que uma amiga distante dizia que estava orando por minha família. A cada semana, ela coloca uma foto em sua "tigela de oração" da mesa da cozinha e ora por aquela família. Escreveu: "Todas as vezes que penso em vocês, dou graças a meu Deus" (FILIPENSES 1:3), e destacou nossos esforços para compartilhar o amor de Deus com os outros — nossa "parceria" no evangelho.

Através do gesto de minha amiga, as palavras do apóstolo Paulo aos filipenses gotejaram na minha caixa de entrada, gerando a mesma alegria em meu coração que suspeito que os leitores da carta do apóstolo tiveram no primeiro século. Parece que Paulo se habituou a falar de sua gratidão àqueles que trabalharam com ele. Uma frase semelhante abre muitas de suas cartas: "agradeço a meu Deus por todos vocês..." (ROMANOS 1:8).

No primeiro século, Paulo abençoou os seus colaboradores com uma nota de agradecimento e orações. No século 21, minha amiga usou uma "Tigela de Bênçãos" para trazer alegria ao meu dia. Como podemos agradecer àqueles que servem na missão do Senhor conosco nos dias de hoje? *ELM*

Pai, ajuda-nos a abençoar intencionalmente aqueles que servem conosco.

A quem você pode agradecer hoje?

DIA **6**

NOSSO ALICERCE SEGURO

Leitura: Isaías 33:2-6

...e lhe proverá farto suprimento de salvação, sabedoria e conhecimento; o temor do SENHOR será seu tesouro. v.6

Em nossa cidade, durante anos, as pessoas construíram e compraram casas em regiões sujeitas aos deslizamentos. Algumas sabiam do risco, mas outras não. "Quarenta anos de alertas de geólogos e regulamentações criadas para garantir a construção segura" foram ignorados, informava o jornal local. A vista de muitas daquelas casas era magnífica, mas o solo sob elas era um desastre anunciado.

Muita gente no antigo Israel ignorou os alertas do Senhor —, o verdadeiro Deus vivo, para se afastarem dos ídolos e buscá-lo. O Antigo Testamento registra os resultados trágicos dessa desobediência. No entanto, com o mundo desmoronando ao redor deles, o Senhor continuou levando ao Seu povo uma mensagem de perdão e esperança, se eles voltassem ao Senhor e seguissem o Seu caminho.

O profeta Isaías disse: "Ele será seu firme alicerce e lhe proverá farto suprimento de salvação, sabedoria e conhecimento; o temor do SENHOR será seu tesouro" (v.6).

Hoje, como no Antigo Testamento, Deus nos deixa escolher sobre qual alicerce construiremos a nossa vida. Podemos seguir os nossos próprios desejos, ou adotar os Seus princípios eternos revelados na Bíblia e na pessoa de Jesus Cristo. "A minha fé e o meu amor estão firmados no Senhor" (EDWARD NOTE, HCC 348). DCM

Pai Celeste, reconhecemos-te como o nosso alicerce seguro. Nossa segurança e esperança estão em ti.

O verdadeiro Deus vivo é o nosso firme alicerce na vida.

DIA 7

A EQUIPE AVANÇADA

Leitura: João 14:1-14

Na casa de meu Pai há muitas moradas [...]. Vou preparar lugar para vocês... v.2

Recentemente uma amiga se preparava para mudar-se a um lugar a mais de 1.600 quilômetros de sua cidade natal. Ela e o marido dividiram as tarefas para cumprir o prazo tão curto. Ele procurou a nova casa, enquanto ela embalava os pertences da família. Surpreendeu-me a habilidade dela em se mudar sem ver a região ou participar da busca pela casa, e perguntei como ela conseguia isso. Reconhecendo o desafio, disse que podia confiar no marido, que sempre fora atento às preferências e necessidades dela ao longo dos anos.

No cenáculo, Jesus falou aos Seus discípulos sobre a traição e Sua morte muito próxima. As horas mais sombrias da vida terrena de Jesus, e deles também, estavam por vir. Jesus os consolou garantindo-lhes que prepararia um lugar para eles no Céu, assim como o marido de minha amiga preparou um novo lar para sua família. Quando os discípulos o questionaram, Jesus os lembrou da história e dos milagres que eles haviam testemunhado ao Seu lado. Embora fossem entristecer-se pela morte e pela ausência de Jesus, o Mestre os relembrou de que poderiam contar com Ele para cumprir o que tinha dito.

Mesmo em meio às nossas próprias horas sombrias, podemos confiar que Jesus nos guiará a um lugar de bondade. Ao andarmos com o Senhor, também aprenderemos a confiar cada vez mais em Sua fidelidade.   *KHH*

*Ajuda-me, Senhor, a descansar em ti quando
minha vida parece incerta e difícil.
Tu és confiável e bom.*

Podemos confiar em Deus para nos guiar em tempos difíceis.

DIA 8

COMO CRIANÇA

Leitura: Marcos 10:13-16

Deixem que as crianças venham a mim. Não as impeçam... v.14

A menina dançava alegre e graciosamente com a música de louvor. Ela era a única no corredor, mas isso não evitou que rodopiasse, balançasse os braços e levantasse os pés com a música. Sua mãe, sorrindo, não tentou impedi-la.

Meu coração se alegrou ao observá-la, e desejei acompanhá-la, mas não o fiz. Há muito tempo já tinha perdido essa alegria que se expressa inconscientemente e a admiração da infância. Sei que devemos crescer, amadurecer e deixar as *criancices* para trás, porém, jamais deveríamos perder a alegria e a admiração, especialmente em nosso relacionamento com Deus.

Quando Jesus vivia na Terra, acolhia as crianças e frequentemente se referia a elas em Seus ensinamentos (MATEUS 11:25; 18:3; 21:16). Certa ocasião, Ele repreendeu os discípulos por tentarem evitar que os pais trouxessem seus filhos para serem abençoados, dizendo: "Deixem que as crianças venham a mim. Não as impeçam, pois o reino de Deus pertence aos que são como elas" (v.14). Ele se referia às características *infantis*: alegria e admiração, que nos preparam para receber a Cristo, e também, a simplicidade, dependência, confiança e humildade.

Essas características nos deixam mais receptivos a Ele e, Jesus espera que corramos para os Seus braços. ADK

Aba (Pai), ajuda-nos a sermos mais como crianças em nosso relacionamento contigo. Desejamos ser completamente maravilhados por tudo o que fizeste.

A fé brilha com maior intensidade em um coração infantil.

DIA 9

ESFORÇO EM CONJUNTO

Leitura: Hebreus 10:19-25

Pensemos em como motivar uns aos outros na prática do amor e das boas obras. v.24

Por que mais de cinco milhões de pessoas pagam anualmente para fazer um percurso de quilômetros cheio de obstáculos, onde devem subir em muros, se arrastar na lama e escalar poços com água descendo sobre elas? Alguns veem isso como um desafio pessoal para superar seus limites ou combater os medos. O que atrai outros é o trabalho em equipe, no qual os competidores se ajudam e se apoiam mutuamente. Uma pessoa chamou isso de "zona sem julgamento", onde estranhos se auxiliam para terminar a corrida (Stephanie Kanowitz, *The Washington Post*).

A Bíblia nos exorta a buscarmos o trabalho em equipe como um modelo para viver a nossa fé em Jesus. "Pensemos em como motivar uns aos outros na prática do amor e das boas obras. E não deixemos de nos reunir, como fazem alguns, mas encorajemo-nos mutuamente, sobretudo agora que o dia está próximo" (HEBREUS 10:24,25).

Nosso objetivo não é "terminar em primeiro" na corrida da fé, mas alcançar outros de formas palpáveis de encorajamento, estabelecendo um exemplo e estendendo a mão auxiliadora ao longo do caminho.

Chegará o dia em que completaremos a nossa vida na Terra. Até lá, encorajemos uns aos outros, estejamos prontos a ajudar e a nos esforçarmos juntos todos os dias. DCM

*Pai, dá-nos, hoje, olhos para ver e força
para ajudarmos uns aos outros na corrida da fé.*

Corramos lado a lado na corrida da fé.

DIA **10**

O GRANDE MÉDICO

Leitura: Mateus 4:23-5:12

Permaneçam em mim, e eu permanecerei em vocês... João 15:4

Quando o **Dr. Rishi Manchanda** pergunta aos seus pacientes: "Onde você mora?", ele quer saber mais do que o endereço. Ele descobriu que quem procura a ajuda dele, normalmente, vive em condições ambientais precárias. O mofo, as pragas e as toxinas os adoecem. Assim sendo, o Dr. Manchanda se tornou defensor do que ele chama de: "Médicos Rio Acima": são profissionais que aproveitam a trabalhar com os pacientes e suas comunidades para chegar à fonte de uma saúde melhor, enquanto fornecem o cuidado médico urgente.

À medida que Jesus curava os que o procuravam (MATEUS 4:23,24), Ele os fazia olhar para além da necessidade urgente do cuidado físico e material. Com o Sermão do Monte, Jesus ofereceu mais do que um milagre médico (5:1-12). Ele descreveu sete vezes as atitudes de mente e coração que refletem o bem-estar que começa com uma nova visão e a promessa de bem-estar espiritual (vv.3-9). Duas vezes mais, Jesus chamou de abençoados os que enfrentam perseguição e encontram esperança e abrigo nele (vv.10-12).

As palavras de Jesus me fazem pensar. Onde estou vivendo? Estou ciente de que a minha necessidade por bem-estar é maior do que a necessidade de alívio físico e material? Enquanto espero por um milagre, acolho o coração pobre, sofrido, faminto, misericordioso e pacificador que Jesus chama de abençoado? MRD

Pai, é tão difícil ver além da nossa dor.
Eleva os nossos olhos para além de nós.

Quando Deus é o nosso lar,
nossa esperança está nele.

DIA **11**

SUSSURRANDO PALAVRAS

Leitura: Efésios 4:22-32

...Que todas as suas palavras sejam boas e úteis, a fim de dar ânimo àqueles que as ouvirem. v.29

O **jovem se ajeitava** ao sentar-se para o voo. Seus olhos percorriam as janelas da aeronave. Depois os fechou e respirou profundamente, tentando se acalmar — mas não funcionou. O avião decolou e, lentamente, ele começou a chacoalhar. Uma senhora, do outro lado do corredor, colocou a mão em seu braço e, gentilmente, começou a conversar para desviar-lhe a atenção do estresse. "Como se chama?", "De onde você é?", "Vamos ficar bem," e "Você está se saindo bem" foram algumas das frases que sussurrou. Ela poderia ter se irritado com ele, ou o ignorado. Mas escolheu um toque e algumas palavras. Pequenos gestos. Ao aterrissarem três horas mais tarde, ele lhe disse: "Muito obrigado por me ajudar".

Cenas de gentileza como essa podem ser difíceis de se ver. Para muitos, a bondade não vem naturalmente; nossa principal preocupação normalmente é conosco mesmo. Mas quando o apóstolo Paulo exortou: "sejam bondosos e tenham compaixão uns dos outros..." (v.32), não estava dizendo que tudo depende de nós. Depois de recebermos uma nova vida pela fé em Jesus, o Espírito começa uma transformação. A bondade é o trabalho do Espírito renovando os nossos pensamentos e ações (v.23).

O Deus de compaixão está trabalhando em nosso coração, nos permitindo tocar a vida de outros abordando-os e lhes sussurrando palavras de encorajamento. AMC

Senhor, usa-me hoje para compartilhar a esperança em ti, um fardo mais leve e o encorajamento a alguém.

Compaixão é entender os problemas dos outros e estender-lhes a mão.

DIA **12**

UMA PROMESSA DUPLA

Leitura: Isaías 25:1-9

...Fazes coisas maravilhosas! Tu as planejaste há muito tempo e agora as realizaste. v.1

Rute não consegue comer, beber, ou mesmo engolir direito desde que teve câncer anos atrás. Ela também perdeu muito de sua força física, e inúmeros tratamentos e cirurgias a deixaram uma sombra do que costumava ser.

Ainda assim, ela é capaz de louvar a Deus; sua fé permanece forte, e sua alegria é contagiante. Rute confia diariamente em Deus, e se firma à esperança de que um dia se recuperará plenamente. Ela ora pela cura e está confiante de que Deus a responderá —cedo ou tarde. Que fé maravilhosa!

Rute explicou que a certeza de que Deus, não apenas cumprirá Suas promessas em Seu tempo, como também a sustentará até que isso aconteça é o que mantém a sua fé forte. Essa era a mesma esperança que o povo de Deus tinha enquanto esperava que o Senhor completasse os Seus planos (v.1), os livrasse de seus inimigos (v.2), secasse as suas lágrimas, removesse a sua desgraça e tragasse "a morte para sempre" (v.8).

Nesse meio tempo, enquanto esperavam, Deus deu ao Seu povo o refúgio e a sombra (v.4). Ele os confortou em suas provações, deu-lhes força para resistir, e a garantia da Sua presença com eles.

Esta é a dupla promessa que temos — a esperança de libertação futura, mais a provisão do Seu conforto, força e abrigo ao longo de nossa vida. LK

*Obrigado, Senhor, pelo Teu maravilhoso presente
de esperança. Prometeste me salvar
e andar comigo todos os dias de minha vida.*

Confiar na fidelidade de Deus pode dissipar o nosso medo.

DIA **13**

ADEUS, POR ENQUANTO

Leitura: 1 Tessalonicenses 4:13-18

...não se entristeçam como aqueles que não têm esperança. v.13

Minha neta Allyssa e eu seguimos uma rotina ao nos despedirmos. Abraçamo-nos e lamentamos a despedida com soluços dramáticos por uns vinte segundos. Então nos afastamos e dizemos "Até logo". Apesar da prática boba, sempre esperamos nos ver de novo — e *logo*.

Mas às vezes a dor da separação das pessoas de quem gostamos pode ser difícil. Quando o apóstolo Paulo disse adeus aos anciãos de Éfeso. "Todos choraram muito enquanto se despediam dele com abraços e beijos. [...] O que mais os entristeceu foi ele ter dito que nunca mais o veriam..." (ATOS 20:37,38).

A tristeza mais profunda, contudo, vem quando somos separados pela morte e dizemos adeus pela última vez nesta vida. Tal separação parece impensável. Lamentamos. Choramos. Como podemos encarar a dor de nunca mais abraçar a quem amamos?

Ainda assim... não se entristeçam como aqueles que não têm esperança. Paulo escreve sobre uma reunião futura para os que creem que Jesus morreu e ressuscitou (1 TESSALONICENSES 4:13-18). Ele declara: "Pois o Senhor mesmo descerá do céu com um brado de comando, com a voz do arcanjo e com o toque da trombeta de Deus", e os que morreram, e os ainda vivos, serão unidos com nosso Senhor. Que reunião!

E, melhor, estaremos *para sempre* com Jesus. Essa é a esperança eterna. CHK

Obrigado, Senhor, pela certeza de que este mundo não é tudo o que temos, mas que a eternidade abençoada espera a todos que confiam em ti.

Na morte, o povo de Deus não diz "adeus", diz somente: "até logo".

DIA 14

SOMENTE PELA ORAÇÃO

Leitura: Marcos 9:14-29

..."Tudo é possível para aquele que crê". v.23

Minha amiga me ligou tarde da noite durante seu tratamento contra o câncer. Triste por seus soluços incontroláveis, minhas lágrimas rolaram e orei silenciosamente. *O que devo fazer, Senhor?*
    Seus lamentos apertaram o meu coração. Não podia deter a dor dela, resolver a situação, ou encontrar uma boa palavra de encorajamento. Mas eu sabia quem podia ajudá-la. Enquanto chorava com ela, buscando as palavras para orar, sussurrava repetidamente: "Jesus, Jesus, Jesus".
    Seus lamentos se transformaram em fungação e choramingo, até sua respiração se acalmar. A voz de seu marido me assustou. "Ela adormeceu", disse. "Ligamos amanhã".
    Desliguei, chorando as orações em meu travesseiro.
    O evangelista Marcos relata a história de outra pessoa que queria ajudar seu ente querido. Um pai desesperado trouxe o filho em sofrimento até Jesus (v.17). A dúvida juntava-se à súplica, enquanto reiterava sobre a impossibilidade da situação (vv.20-22) reconhecendo a sua necessidade de que Jesus fortalecesse a sua fé (v.24). O pai e o filho experimentaram a liberdade, a esperança e a paz quando Jesus entrou em ação e assumiu o controle da situação (vv.25-27).
    Quando os entes queridos estão sofrendo, é natural querermos fazer a coisa certa e também dizer as palavras perfeitas. Mas Cristo é o Único que realmente pode ajudar. Quando clamamos em nome de Jesus, podemos crer e confiar no poder de Sua presença.

XED

Como precisamos de ti, querido Jesus!

**O nome de Jesus é uma poderosa oração
que nos leva à Sua preciosa presença.**

DIA **15**

AMOR SEM LIMITES

Leitura: Salmo 145:8-21

O Senhor é bom para todos; derrama misericórdia sobre toda a sua criação. v.9

Um sábio amigo me aconselhou a evitar as expressões "você sempre" ou "você nunca" numa discussão — especialmente em família. Como é fácil criticar quem nos cerca, ou sentir frieza em relação a quem amamos. Por outro lado, não existe qualquer variação no amor infinito de Deus por todos nós.

O Salmo 145 transborda com a palavra *todos*. "O Senhor é bom para todos; derrama misericórdia sobre toda a sua criação" (v.9). "...O Senhor sempre cumpre suas promessas; é bondoso em tudo que faz. O Senhor ajuda os que caíram e levanta os que estão encurvados sob o peso de suas cargas" (vv.13,14). "O Senhor protege todos que o amam..." (v.20).

Nesse salmo, somos lembrados uma dúzia de vezes que o amor de Deus não tem limites nem favoritismo. E o Novo Testamento revela que a maior expressão disso é vista em Jesus Cristo: "Porque Deus amou tanto o mundo que deu seu Filho único, para que todo o que nele crer não pereça, mas tenha a vida eterna" (JOÃO 3:16).

O Salmo 145 declara que "O Senhor está perto de todos que o invocam, sim, de todos que o invocam com sinceridade. Ele concede os desejos dos que o temem; ouve seus clamores e os livra" (vv.18,19).

O amor de Deus por nós é eterno e nunca falha! DCM

Pai Celeste, estamos maravilhados por causa do Teu amor imutável por nós, ele nunca falha nem acaba.
Louvamos-te por demonstrar o Teu amor ilimitado por nós através de Jesus, nosso Salvador e Senhor.

É impossível existir qualquer variação no infinito amor de Deus por todos nós.

DIA **16**

TESOURO NO CÉU

Leitura: Mateus 6:19-21

Onde seu tesouro estiver, ali também estará seu coração. v.21

Quando criança, eu e minhas duas irmãs gostávamos de sentar lado a lado em cima do grande baú revestido de cedro da mamãe. Minha mãe guardava ali nossos suéteres de lã e peças bordadas ou de crochê feitas por minha avó. Ela valorizava o conteúdo do baú, e confiava no forte odor do cedro para evitar que insetos danificassem o que estava ali dentro.

A maioria dos bens terrenos podem ser facilmente destruídos por insetos ou ferrugem, ou até serem roubados. Em Mateus 6 somos encorajados a colocar um enfoque especial — não no que têm a vida útil limitada, mas naquilo que têm valor *eterno*. Quando minha mãe faleceu aos 57 anos, ela não tinha acumulado muitos bens terrenos, mas gosto de pensar sobre o tesouro que ela já tinha acumulado no Céu (vv.19,20).

Lembro-me do quanto ela amava a Deus e o servia de maneira discreta: cuidando fielmente de sua família, ensinando crianças na Escola Dominical, sendo amiga de uma mulher abandonada pelo marido, confortando uma jovem mãe que tinha perdido o bebê. E ela *orava*... Mesmo após perder a visão e ficar confinada a uma cadeira de rodas, continuou a amar e a orar pelos outros.

Nosso verdadeiro tesouro não é medido pelas coisas que acumulamos — mas no que ou em quem investimos nosso tempo e paixões. Que "tesouros" estamos acumulando no Céu ao servirmos e seguirmos a Jesus? *CHK*

Querido Pai, ajuda-me a investir minha vida em coisas que são eternas.

**Nossa verdadeira riqueza
está no que investimos para a eternidade.**

DIA **17**

JESUS SABE O PORQUÊ

Leitura: Marcos 8:22-26

Quando Jesus acabou de dizer essas coisas, a multidão ficou maravilhada com seu ensino.
Mateus 7:28

Tenho amigos que foram parcialmente curados, mas que ainda lutam com aspectos dolorosos das suas doenças. Outros foram curados de vícios, e ainda se debatem com sentimentos de inadequação e autoaversão. Pergunto-me: *Por que Deus não os cura completamente — de uma vez por todas?*

Em Marcos 8:22-26, lemos a história de Jesus curando um cego de nascença. Primeiro Jesus o afastou da cidade. "Em seguida, cuspiu nos olhos do homem, pôs as mãos sobre ele...". O homem lhe disse que agora via pessoas como "árvores andando". Então Jesus tocou-lhe novamente os olhos e, dessa vez, ele passou "a ver tudo com nitidez".

Em Seu ministério, era comum as palavras e ações de Jesus maravilharem e desconsertarem a multidão e Seus seguidores (MATEUS 7:28; LUCAS 8:10; 11:14) e até afastarem muitos (JOÃO 6:60-66). Sem dúvida, esse milagre em duas partes também os confundiu. Por que não curar o homem *de uma vez por todas?*

Não sabemos o motivo. Mas Ele sabia o que o homem — e os discípulos que disso testemunharam — precisavam naquele momento, e o que precisamos hoje para nos aproximar dele. Embora nem sempre entendamos, podemos confiar que Deus está agindo em nossa vida, e na de nossos entes queridos. E Ele nos dará a força, coragem e a clareza que precisamos para perseverar em segui-lo.   ADK

Senhor, obrigado por nos conheceres tão bem e proveres o que mais precisamos. Dá-nos olhos para ver-te e coração para compreender a Tua Palavra.

Abre os nossos olhos, Senhor, queremos ver Jesus. ROBERT CULL

DIA **18**

PARA MEU AMIGO QUERIDO

Leitura: 3 João

Eu, o presbítero, escrevo a Gaio, meu amigo querido, a quem amo na verdade. v.1

A **carta do** apóstolo João ao seu amigo Gaio no primeiro século é uma arte que está morrendo no século 21. Uma jornalista, afirmou: "Escrever cartas está entre nossas artes mais antigas. Pense, por exemplo, em cartas e Paulo de Tarso vem à mente". E podemos acrescentar as cartas do apóstolo João.

Na carta para Gaio, João incluiu desejos de boa saúde ao corpo e à alma, uma palavra de encorajamento sobre a fidelidade de Gaio, e uma nota sobre o amor dele pela igreja. João também falou sobre um problema na igreja, que prometeu discutir mais tarde, em particular. E escreveu sobre o valor de realizar obras para a glória de Deus. No geral, foi uma carta encorajadora e desafiadora para seu amigo.

A comunicação digital pode significar que a carta manuscrita está desaparecendo, mas isso não deve nos impedir de encorajar os outros. Paulo escreveu cartas de encorajamento em pergaminho; nós podemos encorajar os outros de formas variadas. O importante não é a *forma* como os encorajamos, mas sim termos um momento para que os outros saibam que por amor a Jesus nos preocupamos com eles!

Pense no encorajamento que Gaio sentiu ao abrir a carta de João. De modo semelhante, será que poderíamos fazer brilhar o amor de Deus sobre os nossos amigos com um bilhete atencioso ou um telefonema encorajador?

JDB

Senhor, ajuda-nos a saber como encorajar quem precisa de ânimo espiritual de nossa parte.

As palavras de encorajamento trazem esperança ao espírito humano.

DIA **19**

OLHANDO A CIDADE POR VIR

Leitura: Hebreus 11:8-16

Pois não temos neste mundo uma cidade permanente; aguardamos a cidade por vir. 13:14

Tão logo a barca começou a se mover, minha filhinha disse que estava passando mal. O enjoo já começava a afetá-la. Pouco depois, eu também sentia náuseas. "Olhe fixo para o horizonte", lembrei-me. Os marinheiros dizem que isso ajuda a recobrar a sensação de perspectiva.

O Criador do horizonte (JÓ 26:10) sabe que na vida, às vezes, podemos nos sentir temerosos e inquietos. Podemos recobrar a perspectiva nos focando no ponto distante, mas firme, de nosso destino.

O escritor da carta aos Hebreus entendeu isso e sentiu o desânimo em seus leitores. A perseguição tinha afastado muitos de suas casas. Ele então os lembrou de que outras pessoas de fé tinham enfrentado provações extremas e também tinham ficado sem lar. Elas tinham enfrentado tudo isso porque tinham a expectativa de algo melhor.

Como exilados, esses leitores poderiam olhar para frente, para a cidade cujo arquiteto é Deus, o país celestial, a cidade que Deus preparara para eles (11:10,14,16). Então, em suas exortações finais, o escritor pediu aos leitores que focassem nas promessas de Deus: "...não temos neste mundo uma cidade permanente; aguardamos a cidade por vir" (13:14).

Nossos problemas atuais são temporários. Somos "...estrangeiros e peregrinos neste mundo" (11:13), mas olhar para o horizonte das promessas de Deus nos dá o ponto de referência que precisamos. *KOH*

Pai, em meio aos problemas,
ajuda-me a permanecer em Tuas promessas.

Busque a Deus e recobre a perspectiva.

DIA **20**

A ALEGRIA DE DAR

Leitura: 1 Tessalonicenses 5:12-24

Encorajem os desanimados. Ajudem os fracos. Sejam pacientes com todos. v.14

Foi uma semana triste. Estava me sentindo letárgico e apático, mas não conseguia descobrir o motivo.
    Perto do final da semana, soube que uma tia estava com insuficiência renal. Tinha que visitá-la, mas, para ser sincero, pensei em adiar a visita. Ainda assim, fui até sua casa. Jantamos, conversamos e oramos juntos. Uma hora mais tarde, saí de lá me sentindo animado pela primeira vez, em dias. De alguma forma, prestar atenção à outra pessoa além de mim, melhorou o meu estado de ânimo.
    Os psicólogos descobriram que o ato de se doar pode produzir satisfação, advinda da gratidão de quem recebe. Alguns especialistas até acreditam que os seres humanos são predispostos a serem generosos!
    Talvez seja por isso que Paulo, ao encorajar a igreja em Tessalônica a fortalecer sua comunidade da fé, insistiu: "...Ajudem os fracos..." (v.14). Antes, ele havia citado também as palavras de Jesus: "...Há bênção maior em dar que em receber" (ATOS 20:35). Embora isso tenha sido dito no contexto de doação financeira, aplica-se também à doação de tempo e esforço. Acho que visitarei minha tia novamente e logo.
    Quando doamos, temos um vislumbre do que Deus sente. Entendemos porque Ele se agrada tanto em nos conceder o Seu amor, e compartilhamos de Sua alegria e satisfação de abençoar os outros.

LK

*Pai, ensina-me a doar para que eu possa
refletir verdadeiramente o Teu caráter
e ser mais semelhante a ti hoje.*

Quem doa é o maior recebedor.

DIA 21

CORAÇÃO COMPASSIVO

Leitura: Mateus 18:1-10

...não [despreze] nenhum destes pequeninos. [...] no céu, os anjos deles estão [...] na presença de meu Pai... v.10

De volta à delegacia, o policial estava exausto. Uma chamada de violência doméstica havia ocupado a metade de seu turno. O resultado foi um namorado preso, uma jovem no pronto-socorro e uma mãe abalada, imaginando como aquilo tudo aconteceu. Aquela ocorrência perturbou o jovem policial por muito tempo.

"Você não poderia ter feito nada", disse o sargento a si mesmo. Mas as palavras pareciam vazias. Alguns policiais conseguem se desligar do trabalho; mas ele não — pelo menos, não ao atender casos difíceis como aquele.

O coração desse policial reflete a compaixão de Jesus. Os discípulos de Jesus lhe perguntaram: "Afinal, quem é o maior no reino dos céus?" (v.1). Chamando uma criancinha, o Mestre respondeu: "...a menos que vocês se convertam e se tornem como crianças, jamais entrarão no reino dos céus" (v.3). Em seguida, fez uma advertência a qualquer um que prejudicasse uma criança (v.6). Os pequeninos são tão especiais para o Senhor que Jesus nos disse: "no céu, os anjos deles estão sempre na presença de meu Pai celestial" (v.10).

Portanto, é reconfortante saber que o amor de Cristo pelas crianças esteja relacionado ao Seu amor por todos nós! E por isso Ele nos convida a nos tornarmos Seus filhos por meio da fé, tal qual a fé dos pequeninos. TLG

Lembra-nos sempre, Senhor, de amar as crianças como tu as amas, mesmo quando nos aproximamos de ti com a fé confiante de um pequenino.

Nossa família terrena pode falhar conosco, mas o nosso Pai celestial nunca falhará.

DIA 22

APANHANDO RAPOSAS

Leitura: Cântico dos Cânticos 2:14-17

Apanhai-me as raposas [...] que fazem mal às vinhas... v.15

Enquanto falava ao telefone com uma amiga que mora à beira-mar, expressei minha alegria por ouvir as gaivotas. "Criaturas desprezíveis", ela respondeu, pois para ela tais criaturas são um incômodo diário. Onde eu vivo, sinto o mesmo com relação às raposas que perambulam. Não as considero fofas, mas criaturas que deixam sujeiras malcheirosas por onde passam.

As raposas aparecem nos poemas de amor do Cântico dos Cânticos; um livro que revela o amor entre marido e mulher; alguns comentaristas acreditam que seja o amor entre Deus e Seu povo. A noiva adverte sobre as raposinhas e pede que o noivo as apanhe (v.15), pois, famintas pelas uvas da vinha, poderiam arrancar as plantas tenras. Ansiando pela vida conjugal, a noiva não quer o incômodo de animais daninhos perturbando o seu ambiente de amor.

Como as "raposas" perturbam o nosso relacionamento com Deus? Quando digo "sim" a muitos pedidos, posso ficar sobrecarregada e aborrecida. Ou ao presenciar um conflito relacional, posso ser tentada a sentir desespero ou ira. Ao pedir ao Senhor que limite os efeitos dessas "raposas" — as que deixei entrar ou as que entraram furtivamente — adquiro confiança e amor por Deus, porque sinto Sua amorosa presença e direção.

De que maneira você busca a ajuda de Deus para se livrar daquilo que o separa dele? ABP

Senhor, tu és poderoso e bom.
Protege o nosso relacionamento e afasta
o que me distancia de ti.

Deus pode salvaguardar o nosso relacionamento com Ele.

DIA **23**

QUANDO TUDO DESMORONA

Leitura: 1 Reis 17:15-24

Assim, aproximemo-nos com toda confiança do trono da graça, onde receberemos misericórdia...
Hebreus 4:16

Durante a crise financeira asiática de 1997, tinha mais gente procurando trabalho do que a disponibilidade de vagas. Eu estava entre os que buscavam emprego. Após nove meses de ansiedade, consegui emprego como redatora. Mas a empresa teve problemas e fiquei desempregada de novo.

Você já passou por isso? Quando parece que o pior já passou, de repente, tudo desmorona. A viúva de Sarepta passou por isso (v.12). Devido à fome, estava preparando a última refeição para ela e o filho, quando o profeta Elias lhe pediu um pouco de alimento. Relutante, ela concordou e Deus a proveu com farinha e azeite continuamente (vv.10-16).

Mas, tempos depois, o filho dela adoeceu e morreu. Essa mesma viúva gritou: "Homem de Deus, o que você me fez? Veio para lembrar-me de meus pecados e matar meu filho?" (v.18). Às vezes também queremos reagir como a viúva, achando que Deus pode estar nos punindo. Esquecemos que coisas ruins acontecem neste mundo decaído.

Elias levou a questão a Deus orando fervorosa e honestamente, e o Senhor ressuscitou o menino (vv.20-22)! Quando entramos em colapso, podemos, como Elias, entender que Aquele que é fiel não nos abandonará! Podemos descansar nos propósitos de Deus enquanto oramos por entendimento. *PFC*

Quando a vida me oprimir, Pai, ajuda-me a lembrar que tu és poderoso e te importas. Que eu, como Elias, agarre-me a ti em fé, sabendo que o Senhor quer o bem dos que te amam.

Deus está presente nos momentos bons e nos ruins.

DIA **24**

O QUE PODEMOS FAZER

Leitura: Filipenses 2:1-11

Tenham a mesma atitude demonstrada por Cristo Jesus. v.5

Morrie Boogaart, de 92 anos, mesmo acamado, tricotava gorros de lã para os sem-teto e confeccionou oito mil gorros em 15 anos. Em vez de focar em sua saúde ou limitações, ele fazia o possível para colocar as necessidades dos outros em primeiro lugar. Ele declarou que seu trabalho lhe fazia bem e lhe dava um senso de propósito: "Vou fazer isso até voltar para o Senhor" (isso aconteceu em fevereiro de 2018). Embora a maioria dos que receberam seus gorros nunca saberá o quanto ele se sacrificou para confeccionar cada peça, esse ato de amor perseverante inspira muitos ao redor do mundo.

Nós também podemos enxergar além de nossas lutas, colocar os outros em primeiro lugar e imitar o nosso amoroso e compassivo Salvador. Deus encarnado — o Rei dos reis, Jesus que assumiu "a posição de escravo" com genuína humildade. Sacrificou a própria vida —, o supremo sacrifício, tomou o nosso lugar na cruz e nos deu tudo [...] para a glória de Deus, o Pai (vv.1-11).

Como cristãos, temos o privilégio de mostrar amor e demonstrar preocupação pelos outros por meio de atos de bondade. Mesmo ao acharmos que temos pouco a oferecer, podemos adotar a atitude de servo. Podemos buscar ativamente oportunidades de fazer a diferença na vida das pessoas simplesmente com o que está ao nosso alcance. *XED*

Senhor, agradeço-te por nos lembrares que podemos fazer a diferença amando os outros com palavras e ações diárias.

Podemos ser exemplos do amor de Cristo fazendo o que pudermos para servir os outros.

DIA **25**

ESPERANÇA NO LUTO

Leitura: Lucas 24:13-32

Então os olhos deles foram abertos e o reconheceram. Nesse momento, ele desapareceu. v.31

Aos 19 anos, uma de minhas melhores amigas morreu num acidente de carro. Nas semanas e meses seguintes, andei por um túnel de luto. A dor de perder alguém tão jovem e maravilhosa me fez perder o rumo, e às vezes, até me sentia alheia ao que acontecia ao meu redor. Sentia-me tão cega pela dor e luto, que simplesmente não podia ver Deus.

Em Lucas 24, dois discípulos confusos e abatidos após a morte de Jesus, entenderam que estavam andando com seu Mestre ressurreto, mesmo depois de Ele ter-lhes explicado, pelas Escrituras, por que o Salvador prometido tinha que morrer e ressuscitar. Somente quando Ele pegou o pão e o partiu, foi-lhes revelado que estavam na presença de Jesus (vv.30,31). Embora os seguidores de Jesus tenham enfrentado a morte em todo o seu horror quando Ele morreu, através de Sua ressurreição, Deus lhes mostrou como ter esperança novamente.

Como os discípulos, podemos nos sentir pesados pela confusão ou luto. Porém, podemos encontrar esperança e conforto no fato de Jesus estar vivo e agindo neste mundo — e em nós. Embora ainda enfrentemos abatimento e dor, podemos "convidar" Cristo para andar conosco em nosso túnel de sofrimento. Ele é a Luz do mundo (JOÃO 8:12), e pode nos trazer raios de esperança para iluminar o nosso caminho. ABP

Senhor, obrigado por seres a luz na escuridão
e me concederes esperança quando estou triste e confuso.
Ajuda-me a ver a Tua glória.

Embora nos entristeçamos ao enfrentar os lutos, temos esperança em Jesus.

DIA 26

AJUDA DO CÉU

Leitura: Josué 10:6-15

...Certamente o SENHOR lutou por Israel naquele dia! v.14

SOS, o sinal em código Morse, foi criado em 1905, porque os marinheiros precisavam de uma forma para indicar o perigo extremo. O sinal ganhou fama, em 1910, ao ser usado pelo navio *Steamship Kentucky*, que estava afundando, e isso salvou a vida de todas as 46 pessoas a bordo.

O SOS é uma invenção recente, mas o grito de socorro é tão antigo quando a humanidade. É mencionado no Antigo Testamento, na história de Josué, que enfrentou a oposição dos israelitas (9:18) e terreno difícil (3:15-17) durante mais de 14 anos, enquanto o povo lentamente conquistava e se estabelecia na terra que lhes fora prometida. Durante esta luta "o SENHOR estava com Josué" (6:27).

Em Josué 10, os israelitas vão ao auxílio dos gibeonitas, aliados que estavam sendo atacados por cinco reis. Josué sabia que precisava da ajuda do Senhor para derrotar tantos inimigos poderosos (v.12). Deus respondeu com chuva de granizo, e até parando o Sol a fim de dar mais tempo para Israel derrotar o inimigo. Josué 10:14 relata: "...o SENHOR lutou por Israel naquele dia".

Se você está em meio a uma situação desafiadora, pode enviar um SOS para Deus. Embora a ajuda possa ser diferente da que Josué recebeu: talvez ela venha por meio de um trabalho inesperado, um médico compreensivo ou paz em meio ao luto. Encoraje-se, pois estas são as maneiras de o Senhor responder ao seu pedido de socorro e lutar por você.

LMS

Obrigado, Pai, por andares comigo nessa jornada difícil e me ouvires quando clamo por ti.

Quando clamamos a Deus por socorro, podemos confiar que Ele estará conosco.

DIA **27**

HONRANDO A DEUS COM GRATIDÃO

Leitura: Salmo 50:8-15

...clamem a mim em tempos de aflição; eu os livrarei, e vocês me darão glória. v.15

A médica não parecia carrancuda, apesar de conversar com meu marido sobre o recente diagnóstico do câncer dele. Sorrindo, ela sugeriu que começássemos cada dia dando graças: "Por três coisas pelo menos". Dan concordou, sabendo que a gratidão abre o nosso coração para alcançarmos encorajamento na bondade divina. Hoje, ele começa o dia com louvor. *Agradeço-te, Deus, pela boa noite de sono, pela minha cama limpa, pelo sol, pelo café da manhã e pelo sorriso nos lábios.*

Cada palavra é sincera. Mas poderia parecer banal? Será que os nossos louvores pelos detalhes da vida importam a Deus? No Salmo 50, o músico Asafe oferece uma resposta clara. Deus não precisa "dos novilhos dos seus estábulos, nem dos bodes dos seus currais" (v.9). Em vez de sacrifícios formais de gratidão, Deus quer que o Seu povo lhe entregue o coração e a sua vida em gratidão (vv.14,23).

Como meu marido experimentou, a gratidão sincera ajuda o nosso espírito a florescer. E, quando clamarmos ao Senhor "em tempos de aflição", Ele nos livrará (v.15). Isso significa que Dan será curado física e espiritualmente após os 2 anos de tratamento? Ou só terá a cura na vida eterna? Não sabemos, mas hoje, ele se alegra em mostrar gratidão a Deus por Seu amor e por quem Ele é: Redentor. Restaurador. Amigo. E amigos gostam de ouvir as belas palavras de agradecimento. Muito obrigado. PR

*Senhor, agradeço-te por permitires
que a minha gratidão traga honra a ti.*

Deus valoriza e é digno da minha gratidão.

DIA **28**

SUPERANDO DESAFIOS

Leitura: Neemias 6:1-9, 15

Por fim, no dia 2 de outubro, 52 dias depois de começarmos o trabalho, o muro ficou pronto. v.15

Encontro uma amiga mensalmente e compartilhamos nossos planos e objetivos individuais. Ela queria fazer novo estofamento nas cadeiras da sala antes do final do ano, e no encontro de novembro contou-me com humor: "Levei dez meses e duas horas para restaurar as cadeiras". Após meses tentando obter os materiais que precisava, e incapaz de encontrar tempo longe do seu exigente trabalho e das necessidades dos filhos pequenos, o projeto lhe exigira meras duas horas de empenho para terminá-lo.

O Senhor chamou Neemias a um projeto muito maior: restaurar os muros de Jerusalém que estavam em ruínas por 150 anos (2:3-5,12,17). Durante o trabalho, o povo enfrentou zombaria, ataques, distrações e tentações (4:3,8; 6:10-12). Ainda assim, Deus os preparou para seguirem firmes, resolutos, completando a tarefa em apenas 52 dias.

É necessário mais do que desejo para superar desafios assim. A compreensão de que Deus o escolhera para a obra norteava os passos de Neemias. O comprometimento dele com o propósito do Senhor levou o povo a seguir a sua liderança apesar da incrível oposição. Quando Deus nos encarrega de uma tarefa — seja restaurar um relacionamento destruído ou compartilhar o que Ele tem feito em nossa vida, Ele nos dá a habilidade e força necessárias para fazer o que Ele mandou, não importa os desafios que surgirem no caminho. *KHH*

*Senhor, prepara-me com a Tua força para perseverar
no que me deste e para trazer glória a ti.*

**Deus nos prepara para superar obstáculos
e completar as tarefas que Ele nos dá.**

DIA **29**

FELICIDADE DURADOURA

Leitura: Salmo 34:1-14

**Quem deseja ter uma vida longa e próspera? [...]
Afaste-se do mal e faça o bem...** v.12,14

Ouço com frequência que a felicidade vem ao fazermos as coisas do nosso jeito. Entretanto, isso não é verdade. Essa filosofia leva apenas ao vazio, ansiedade e mágoa.
    O poeta W. H. Auden observou as pessoas que tentavam encontrar uma fuga em seus prazeres. Sobre eles, escreveu: "Perdidos numa floresta assombrada, / Crianças com medo da noite / Que nunca foram felizes ou boas".
    O salmista Davi afirma sobre o remédio para nossos medos e infelicidades. "Busquei o Senhor, e ele me respondeu; livrou-me de todos os meus temores" (v.4). Felicidade é fazer as coisas do jeito de Deus, e isto pode ocorrer todos os dias. "Os que olham para ele ficarão radiantes...", escreve Davi (v.5). Simplesmente tente e verá. É isso o que ele quer dizer com: "Provem e vejam que o Senhor é bom..." (v.8).
    Dizemos: "Ver é crer". É dessa maneira que conhecemos as coisas neste mundo. Mostre-me uma prova e eu acreditarei. Deus o faz de forma contrária. Crer é ver. "Provem e vejam *depois*".
    Leve a sério o que o Senhor diz em Sua palavra. Faça exatamente o que Ele está lhe pedindo para fazer e você verá. Ele lhe concederá a graça para fazer o que é certo e mais do que isso: Ele — a única fonte de bondade — se dará a você e, com isso, virá a felicidade duradoura.   *DHR*

*Senhor, às vezes devemos apenas orar: "Eu creio.
Ajuda-me em minha incredulidade". Ajuda-nos a confiar em ti
e a fazer o que nos deste para realizar hoje.*

**Felicidade é fazer a coisa certa;
obedecer a voz do Senhor.**

DIA 30

SEM QUEIMADURAS DE FRIO

Leitura: Salmo 119:33-48

Faze-me andar em teus mandamentos, pois neles tenho prazer. v.35

Certo dia de inverno, meus filhos pediram para andar de trenó. A temperatura oscilava em torno de 17 graus negativos. Eu lhes permiti brincar apenas por 15 minutos e pedi que se agasalhassem e ficassem juntos.

Criei essas regras para que brincassem livremente sem sofrer danos pelo frio. Acho que o autor do Salmo 119 reconheceu a mesma boa intenção de Deus ao redigir dois versos consecutivos que podem parecer contraditórios: "Continuarei a obedecer à tua lei" e "Andarei em liberdade, pois me dediquei às tuas ordens" (vv.44,45). De que maneira o salmista associou liberdade à vida espiritual de obediência à Lei?

Seguir as sábias instruções de Deus permite evitarmos as consequências das escolhas que mais tarde desejaríamos desfazer. Sem o peso da culpa ou dor, somos mais livres para viver com excelência. Deus não quer nos controlar com ordens sobre o que fazer ou não, ao contrário, Suas orientações demonstram que Ele nos ama.

Enquanto meus filhos brincavam de trenó, eu os contemplava ao deslizarem pela montanha. Eu sorria com suas risadas e bochechinhas rosadas. Estavam livres dentro dos limites que eu lhes dera. O mesmo paradoxo convincente se encontra em nosso relacionamento com Deus e nos faz dizer com o salmista: "Faze-me andar em teus mandamentos, pois nele tenho prazer" (v.35). *JBS*

Deus, dá-me o mesmo amor de Davi pelos Teus caminhos.
Quero adorar-te com as minhas escolhas diárias.

A obediência flui livremente de um coração de amor.

DIA 31

SENHOR ATÉ DOS PREGOS?

Leitura: Salmo 18:30-36

Deus me reveste de força e remove os obstáculos de meu caminho. v.32

Ao entrar no meu carro, vi um brilho no pneu que chamou minha atenção: um prego, encravado na lateral do pneu traseiro. Escutei o assobio revelador do ar escapando. Felizmente, o buraco estava tampado, pelo menos por enquanto. Enquanto eu dirigia para uma borracharia, pensava: *Há quanto tempo esse prego está lá? Dias? Semanas? Há quanto tempo estou protegido de uma ameaça que nem sabia que existia?* Às vezes podemos viver sob a ilusão de que estamos no controle. Mas esse prego me lembrou de que *não* estamos.

Felizmente, podemos confiar em Deus quando parece que a vida está fora de controle e instável. No Salmo 18, Davi louva a Deus por Seu cuidado (vv.34,35) e confessa: "Deus me reveste de força [...]. Abriste um caminho largo para meus pés, de modo que não vacilem" (vv.32,36). Nesse poema de louvor, Davi celebra a presença da "mão" sustentadora de Deus (v.35). Eu pessoalmente não entro em combate como o Davi e faço todo o possível para não correr riscos desnecessários. Ainda assim, muitas vezes minha vida é caótica.

Mas posso descansar sabendo que, embora Deus não nos prometa proteção contra todas as dificuldades da vida, Ele sempre sabe onde estou. Sabe para onde estou indo e o que vou encontrar. E Ele é o Senhor de tudo isso, até mesmo dos "pregos" no caminho que trilhamos. ARH

De que maneira Deus o protegeu de algo que você nem sabia? Como o ajudou a se livrar dessa ameaça?

Pai, ajuda-nos a lembrar diariamente que sabes cada passo que damos e a confiar na Tua provisão.

DIA **32**

QUEREMOS VER JESUS

Leitura: João 12:20-26

...procuraram Filipe [...] e lhe disseram: "Por favor, gostaríamos de ver Jesus". v.21

Ao dar uma olhada do púlpito de onde eu conduzia o culto fúnebre, vi uma placa de bronze com as palavras: "Gostaríamos de ver Jesus". E, pensei, como é apropriado refletir sobre a maneira como vimos Jesus na mulher que homenageávamos com lágrimas e sorrisos. Apesar de ela ter enfrentado desafios e decepções na vida, ela nunca desistiu de sua fé em Cristo. E, como o Espírito de Deus habitou nela, podíamos ver Jesus.

João relata como, após Jesus entrar em Jerusalém (vv.12-16), alguns gregos abordaram Filipe, um dos discípulos, pedindo: "Por favor, gostaríamos de ver Jesus " (v.21). Provavelmente, eles estavam curiosos sobre as Suas curas e milagres, mas, como não eram judeus, não podiam entrar no interior do Templo. Quando Jesus soube do pedido, anunciou que era chegada a Sua hora de ser glorificado (v.23). Ele queria dizer que morreria pelos pecados de muitos. Completaria Sua missão para alcançar não apenas os judeus, mas os gentios (os "gregos", v.20), e eles agora veriam Jesus.

Após a morte de Jesus, Ele enviou o Espírito Santo para habitar em Seus seguidores (14:16,17). Assim, à medida que o amamos e servimos, vemos Jesus agindo em nossa vida. E, surpreendentemente, quem está ao nosso redor também pode ver Jesus!

ABP

Senhor Jesus Cristo, estou humilde e surpreso por teres vindo e habitado em mim. Ajuda-me a compartilhar esse maravilhoso presente hoje com quem eu encontrar.

Podemos ver Jesus na vida de Seus seguidores.

DIA **33**

A BATALHA

Leitura: Salmo 39:1-7

Agora, Senhor, o que devo esperar? És minha única esperança. v.7

Quando as bombas da artilharia caíram perto dele com um *bum* de tremer a terra, o jovem soldado orou: "Senhor, eu entrarei naquela escola bíblica que a minha mãe deseja se me tirares dessa". Deus honrou essa oração. Meu pai sobreviveu à Segunda Guerra, entrou no Instituto Bíblico Moody e dedicou sua vida ao ministério.

Outro guerreiro passou por um tipo diferente de crise que o levou a Deus, mas seus problemas surgiram quando ele *evitou* o combate. Enquanto suas tropas lutavam, o rei Davi estava no palácio de olho na esposa de outro homem (2 SAMUEL 11). No salmo 39, Davi registra o doloroso processo de restauração do pecado: "...a angústia cresceu dentro de mim. Quanto mais eu pensava, mais ardia meu coração..." (vv.2,3).

O espírito quebrantado de Davi o levou a refletir: "Mostra-me, SENHOR, como é breve meu tempo na terra; mostra-me que meus dias estão contados e que minha vida é passageira" (v.4). Com foco renovado e sem ter a quem recorrer, Davi não se desesperou: "Agora, Senhor, o que devo esperar? És minha única esperança" (v.7). O salmista sobreviveu a essa batalha e continuou servindo a Deus.

O que motiva a nossa vida de oração não importa tanto quanto o foco das nossas orações. *Deus é a nossa fonte de esperança.* Ele quer que compartilhemos nosso coração com Ele. TLG

Pai, tu és a nossa esperança.
Perdoa-nos por buscarmos respostas longe do Senhor.
Leva-nos para perto de ti hoje.

Estamos no melhor lugar que podemos imaginar quando buscamos a Deus em oração.

DIA **34**

LAR DOCE LAR

Leitura: João 14:1-14

...Vou preparar lugar para vocês, e, quando tudo estiver pronto, virei buscá-los... v.2

"**P**or que temos** que mudar do nosso lar?", meu filho perguntou. É difícil explicar o que é lar, especialmente a uma criança de 5 anos. Estávamos deixando uma casa para trás, não o nosso lar, pois o lar é onde estão os nossos entes queridos. É o ambiente para onde desejamos voltar depois de uma longa viagem ou de um dia inteiro de trabalho.

Quando Jesus estava na sala, algumas horas antes de morrer, disse aos Seus discípulos: "Não deixem que seu coração fique aflito..." (v.1). Os discípulos estavam inseguros sobre seu futuro, pois Jesus tinha anunciado a Sua morte. Mas Jesus os assegurou de Sua presença, e lembrou-lhes que o veriam novamente. Disse: "Na casa de meu Pai há muitas moradas. [...] Vou preparar lugar para vocês" (v.2). Ele poderia ter usado outras palavras para descrever o Céu. Entretanto, escolheu descrevê-lo, não como um lugar desconfortável ou estranho, mas como um lugar onde Jesus, nosso Amado, estaria.

C. S. Lewis escreveu: "Nosso Pai nos revigora durante a jornada com algumas pousadas agradáveis, mas não nos encorajará a confundi-las com o lar". Podemos agradecer a Deus pelas "pousadas agradáveis" da vida, mas lembremo-nos de que o nosso verdadeiro lar está no Céu, onde "...estaremos com o Senhor para sempre" (1 TESSALONICENSES 4:17). KOH

Querido Senhor, obrigado pelo céu, meu lar eterno.

Estamos ansiosos para estar com o Senhor para sempre.

DIA **35**

ONDE ENCONTRAR ESPERANÇA

Leitura: Romanos 5:1-11

...Deus nos ama, uma vez que ele nos deu o Espírito Santo para nos encher o coração com seu amor. v.5

Bete lutava há muito tempo com o vício em drogas e, quando se recuperou, quis retribuir ajudando outras pessoas. Para isso, ela começou a escrever bilhetes anônimos e a colocá-los em lugares por toda a cidade. Hoje, Bete coloca os bilhetes nos limpadores de para-brisa e nos postes de parques. Antes, ela costumava procurar por esses sinais de esperança, mas hoje ela os deixa para outras pessoas. Um dos bilhetes termina assim: "Enviando esperança — com amor".

Esperança com amor — é isso o que Jesus oferece. Ele nos concede o Seu amor a cada novo dia e nos fortalece com a esperança. Seu amor não é distribuído gota a gota, mas flui de Seu coração e é derramado abundantemente em nosso coração: "essa esperança não nos decepcionará, pois sabemos quanto Deus nos ama, uma vez que ele nos deu o Espírito Santo para nos encher o coração com seu amor" (v.5). Ele deseja usar os momentos difíceis para desenvolver a perseverança e o caráter e conduzir-nos a uma vida de satisfação, plena de esperança (vv.3,4). Mesmo quando estamos longe dele, Ele ainda nos ama (vv.6-8).

Você procura por sinais de esperança? O Senhor concede esperança com amor convidando-nos a crescermos em comunhão com Ele. Nossa esperança de uma vida gratificante é ancorada em Seu amor infalível. AMC

Deus, agradeço-te pelo amor que derramas sobre mim.
Que eu possa contentar-me em ti
e confiar no que estás fazendo em mim.

A esperança é a âncora da alma.

DIA **36**

FORA DE CONTEXTO

Leitura: João 20:13-16

Então, ao virar-se para sair, viu alguém em pé. Era Jesus, mas ela não o reconheceu. v.14

Na fila para o voo, alguém me cutucou. Virei-me e recebi um cumprimento caloroso. "Elisa! Você se lembra de mim? Sou a Joana!". Minha mente foi à procura das "Joanas" que eu conhecia, mas não a localizou. Será que era uma vizinha? Uma colega de trabalho? Eu não sabia... Sentindo minha dificuldade, Joana respondeu: "Elisa, nós nos conhecemos no Ensino Médio". Surgiu uma lembrança: jogos de futebol nas noites de sexta-feira, torcida nas arquibancadas. Eu a reconheci assim que o contexto ficou claro.

Após a morte de Jesus, Maria Madalena foi ao sepulcro cedo de manhã e viu que a pedra tinha sido removida, e o corpo, desaparecido (vv.1,2). Ela correu até Pedro e João, que a acompanharam de volta ao sepulcro vazio (vv.3,10). Mas, do lado de fora, Maria continuou sofrendo (v.11). Quando Jesus apareceu, "ela não o reconheceu" (v. 14), achando que Ele fosse o jardineiro (v.15).

Como Maria não reconheceu Jesus? Seu corpo ressurreto estava tão diferente a ponto de ser difícil de reconhecê-lo? Será que a dor a impediu de reconhecer Jesus? Ou será que isso se deu porque, como eu, Jesus estava "fora do contexto", vivo no jardim em vez de estar morto no sepulcro?

De que forma nós também deixamos de reconhecer Jesus em nossos dias, — talvez durante a oração ou a leitura da Bíblia, ou simplesmente quando Ele sussurra em nosso coração? *ELM*

Deus, dá-nos olhos para ver Jesus da forma que Ele se apresentar — num contexto familiar ou nos surpreendendo num contexto inesperado.

Tenha a expectativa de ver Jesus em lugares inesperados.

DIA **37**

UM MUNDO PERFEITO

Leitura: Apocalipse 21:1-5

E aquele que estava sentado no trono disse: "Vejam, faço novas todas as coisas!". v.5

Como tarefa escolar, Kátia tinha que escrever uma redação com o título: "Meu mundo perfeito". Começou assim: "Em meu mundo perfeito... sorvete é de graça, tem pirulitos por toda parte e o céu é sempre azul, com algumas nuvens de formatos interessantes". Na sequência, sua redação tomou um tom mais sério. "Nesse mundo, ninguém chegará a casa para receber notícias ruins. E ninguém precisará ser o portador delas".

Ninguém receberá notícias ruins ao chegar ao lar do Pai. Não é maravilhoso? Essas palavras apontam poderosamente para a confiante esperança que temos em Jesus. Ele está fazendo "...novas todas as coisas..." — curando e transformando nosso mundo (v.5). O Céu é o lugar onde "...não haverá mais morte, nem tristeza, nem choro, nem dor" (v.4)! É um lugar de perfeita comunhão com Deus, que, por Seu amor, redimiu e reivindicou os cristãos como Seus (v.3). Que alegria maravilhosa nos espera!

Podemos experimentar uma antecipação desta realidade perfeita aqui e agora. Quando buscamos a comunhão diária com Deus, experimentamos a alegria de Sua presença (COLOSSENSES 1:12,13). E mesmo quando lutamos contra o pecado, experimentamos, em parte, a vitória que é nossa em Cristo (2:13-15), Aquele que conquistou completamente o pecado e a morte. *PFC*

*Senhor, ajuda-nos a viver na esperança do dia
em que habitaremos contigo, puros e sem mácula, em uma
nova Terra em Tua presença para todo o sempre.*

**O mundo perfeito de Deus
é para todos os que creem em Jesus.**

DIA **38**

IMPOSSÍVEL SEGURAR

Leitura: Atos 2:22-36

...Deus o ressuscitou, libertando-o [...] pois ela [a morte] não pôde mantê-lo [Jesus] sob seu domínio. v.24

Kátia e seus amigos estavam nadando no mar quando ela foi atacada por um tubarão que a agarrou pela perna e puxou o seu corpo. Ela deu um soco no nariz do predador, que abrindo a boca, fugiu derrotado. A mordida causou múltiplos ferimentos, e exigiu mais de 100 pontos, porém, o tubarão não conseguiu dominá-la.

Isso me lembra de que Jesus venceu a morte, acabando com o seu poder de intimidar e derrotar os seguidores dele. Pedro afirmou: "ela [a morte] não pôde mantê-lo [Jesus] sob seu domínio" (v.24).

Pedro disse essas palavras à multidão em Jerusalém. Talvez muitos dentre eles tinham gritado: "Crucifique-o!" — para condenar Jesus (MATEUS 27:22). Como resultado, os soldados romanos pregaram o Senhor numa cruz onde Ele ficou até a Sua morte ser confirmada. Seu corpo foi levado a um túmulo onde permaneceu por três dias até Deus ressuscitá-lo. Após a Sua ressurreição, Pedro e outros falaram e comeram com Ele, e, após 40 dias, viram o Senhor ascender ao Céu (1:9).

A vida humana de Jesus terminou com sofrimento físico e angústia mental, mas o poder de Deus derrotou a sepultura. Assim, a morte ou qualquer outra luta, não tem mais capacidade de nos aprisionar para sempre. Um dia, todos os cristãos terão a vida eterna e plenitude na presença de Deus. Concentrar a nossa atenção nesse futuro pode nos ajudar a encontrar a liberdade hoje.

JBS

Jesus, louvo-te por teres morrido para me dares a vida eterna.

Os grilhões da morte não são páreo para o poder de Deus.

DIA **39**

VIVENDO COM AS LÂMPADAS ACESAS

Leitura: Salmo 119:9-16,97-105

Tua palavra é lâmpada para meus pés e luz para o meu caminho. v.105

Meu colega de trabalho e eu havíamos feito uma viagem longa, e era tarde quando começamos a voltar. O peso da idade e os olhos cansados me deixam um pouco desconfortável para dirigir quando escurece; mas optei por dirigir primeiro. Estava com as mãos no volante e os olhos fixos na estrada pouco iluminada. Percebi que conseguia enxergar melhor quando as luzes dos veículos que vinham atrás brilhavam na rodovia. Senti alívio quando o meu amigo por fim assumiu a direção. Só então ele descobriu que eu estivera dirigindo com faróis para neblina, não com os faróis normais!

O salmo 119 é uma composição magistral de alguém consciente de que a Palavra de Deus nos oferece luz para a vida diária (v.105). Mas com que frequência nos encontramos em situações parecidas às da noite desconfortável na estrada? Desnecessariamente nos esforçamos para ver e às vezes nos desviamos dos melhores caminhos porque nos esquecemos de usar a luz da Palavra de Deus. O salmo 119 nos encoraja a sermos intencionais em "ligar o interruptor de luz". O que acontece quando o fazemos? Encontramos sabedoria para a pureza (vv.9-11); descobrimos novas motivações e encorajamento para evitar desvios (vv.101,102). E, quando vivemos com as luzes ligadas, o louvor do salmista muito provavelmente se torna o nosso louvor: "Como eu amo a tua lei; penso nela o dia todo!" (v.97). ALJ

Pai, enche o meu coração com a Tua Palavra
para eu ter a luz que preciso para o dia de hoje!

Você não tropeçará no escuro
se andar à luz da Palavra de Deus.

DIA **40**

ANDAR EM OBEDIÊNCIA A DEUS

Leitura: Isaías 30:15-21

"Este é o caminho pelo qual devem andar", quer se voltem para a direita, quer para a esquerda. v.21

> **Vamos por** *este* caminho", eu disse ao tocar o ombro do meu filho e redirecioná-lo em meio à multidão para seguir a mãe e as irmãs à nossa frente. Fiz isso várias vezes no parque de diversão que estávamos visitando. Meu filho estava ficando cansado e se distraía com mais facilidade. *Por que ele simplesmente não as segue?*, eu pensava.

E então me veio à mente: *Com que frequência faço exatamente o mesmo? Com que frequência me desvio de andar em obediência a Deus encantado pelas tentações de seguir o que quero ao invés de buscar os Seus caminhos?*

Pense nas palavras de Isaías enviadas por Deus a Israel: "e seus ouvidos o ouvirão. Uma voz atrás de vocês dirá: Este é o caminho pelo qual devem andar, quer se voltem para a direita, quer para a esquerda" (v.21). Numa parte anterior do capítulo, Deus havia repreendido Seu povo pela rebelião. Mas, se eles confiassem em Sua força, e não nos próprios caminhos (v.15), Deus prometia mostrar-lhes amor e compaixão (v.18).

Uma expressão da generosidade de Deus é a promessa de guiar-nos com Seu Espírito. Isso acontece quando falamos com Ele sobre os nossos desejos e lhe perguntamos, em oração, o que Ele tem para nós. Sou grato por Deus nos guiar pacientemente, dia a dia, passo a passo, à medida que confiamos nele e ouvimos a Sua voz.

ARH

Pai, prometeste guiar-nos em nossas decisões. Ajuda-nos a confiar em ti, seguir-te e ouvir atentamente a Tua voz.

Deus nos conduz pacientemente quando confiamos nele e ouvimos a Sua voz.

DIA **41**

ESPERANÇA NA ESCURIDÃO

Leitura: Jeremias 31:16-26

Pois dei descanso aos exaustos e alegria aos aflitos. v.25

Conta a lenda que Qu Yuan era um sábio patriota, funcionário do governo chinês, que viveu durante o Período dos Estados Combatentes (475–246 A.C.). Ele tentou alertar repetidamente o rei sobre uma ameaça que destruiria o país, mas o rei rejeitou o seu conselho. Por fim, Qu Yuan foi exilado. Quando soube da queda de seu amado país diante do inimigo, sobre o qual ele os tinha alertado, suicidou-se.

Alguns aspectos da vida de Qu Yuan se parecem com aspectos da vida de Jeremias. Ele também serviu a reis que desprezaram seus alertas, e seu país foi saqueado. Entretanto, à medida que Qu Yuan cedeu ao seu desespero, Jeremias encontrou a verdadeira esperança.

Jeremias conhecia o Senhor que oferece a única e verdadeira esperança. "Há esperança para seu futuro", Deus garantiu ao profeta. "Seus filhos voltarão para sua terra" (v.17). Embora Jerusalém tenha sido destruída em 586 a.C., foi reconstruída mais tarde (NEEMIAS 6:15).

Em algum momento, todos nós nos deparamos com situações desesperadoras. Pode ser um problema de saúde, a súbita perda do emprego, o desmoronamento familiar. Mas quando a vida nos golpeia, ainda podemos olhar para cima — pois Deus está no trono! Ele toma os nossos dias em Suas mãos e nos leva para perto do Seu coração.   PFC

Senhor, enche-me de esperança
e faz-me lembrar que as coisas voltarão aos eixos
a Tua maneira e no Teu tempo.

O mundo espera o melhor, mas o Senhor oferece a melhor esperança. JOHN WESLEY

DIA **42**

ELIMINANDO INFORMAÇÕES RUINS

Leitura: Provérbios 23:9-12

Dedique-se à instrução; ouça atentamente as palavras de conhecimento. v.12

Durante uma viagem, minha esposa e eu contratamos um táxi para uma corrida curta do nosso hotel a um restaurante cubano. Após explicar os detalhes para o aplicativo, engoli em seco quando a tela revelou o preço da corrida: era caríssimo, uns 5.000 reais! Depois do susto, percebi que eu tinha pedido uma corrida para casa, que ficava a centenas de quilômetros de distância!

Se trabalhar com as informações erradas, você vai terminar com resultados desastrosos. *Sempre*. É por isso que Provérbios nos encoraja: "Dedique-se à instrução; ouça atentamente as palavras de conhecimento" (v.12). Se buscarmos conselhos com os tolos, os que fingem saber mais do que sabem e que dão as costas para Deus, teremos problemas. Esse tipo de pessoa "despreza até os conselhos mais sensatos" e pode nos desviar com conselhos inúteis, equivocados ou até enganosos (v.9).

"Ouça atentamente as palavras de conhecimento" (v.12). Podemos abrir o nosso coração e receber instruções libertadoras de Deus, palavras de clareza e esperança. Quando ouvimos aqueles que conhecem os profundos caminhos de Deus, eles nos ajudam a receber e a seguir a sabedoria divina. E a sabedoria de Deus nunca nos desviará, mas sempre nos animará e nos conduzirá à vida e à plenitude. WC

*Deus, inclina os meus ouvidos e o meu coração
à Tua sabedoria. Ajuda-me a me abrir para a Tua verdade
e a me afastar de qualquer tipo de insensatez.*

A sabedoria do tolo sempre leva a um beco sem saída, mas a sabedoria de Deus sempre abre novos horizontes.

DIA **43**

QUANDO ESTAMOS ESGOTADOS

Leitura: Gálatas 6:1-10

...não nos cansemos de fazer o bem. No momento certo, teremos uma colheita de bênçãos, se não desistirmos. v.9

Às vezes, tentar fazer o que é certo pode ser exaustivo. Podemos pensar: *Será que as minhas palavras e atitudes bem-intencionadas fazem alguma diferença?* Pensei o mesmo recentemente depois de meditar e enviar um e-mail para encorajar um amigo (apenas para receber uma resposta zangada). Minha reação imediata foi uma mescla de mágoa e ira. *Como ele pôde distorcer as minhas palavras?*

Antes de responder com raiva, lembrei-me de que nem sempre veremos os resultados (ou os que desejamos) ao falar para alguém sobre como Jesus o ama. Quando fazemos coisas boas pelos outros esperando aproximá-los a Deus, eles podem reagir com desprezo. Nossos nobres esforços para conduzir alguém a ter atitudes corretas podem ser ignorados.

Gálatas 6 é uma boa passagem para lermos quando nos sentimos desencorajados pela reação de alguém aos nossos esforços sinceros. O apóstolo Paulo nos incentiva a pensar no que motiva nossas palavras e atitudes (vv.1-4). Depois de fazê-lo, ele nos encoraja a perseverar: "Portanto, não nos cansemos de fazer o bem. No momento certo, teremos uma colheita de bênçãos, se não desistirmos. Por isso, sempre que tivermos oportunidade, façamos o bem a todos" (vv.9,10).

Deus quer que continuemos a viver para Ele, o que inclui orar pelos outros e falar sobre "o bem" que Ele faz. Os resultados virão de Deus. ADK

Deus, ajuda-nos a não desistir e a perseverar em fazer o bem.

Podemos deixar os resultados da nossa vida nas mãos de Deus.

DIA **44**

A NOSSA ESTRATÉGIA É A ESPERANÇA

Leitura: Miqueias 7:1-7

Quanto a mim, busco o Senhor, e espero confiante que Deus me salve... v.7

Meu time favorito perdeu oito jogos consecutivos, e, em cada derrota, é mais difícil ter esperança de recuperação. Semanalmente, o treinador faz alterações, mas sem alcançar vitórias. Conversando com meus colegas, brinquei dizendo que desejar um resultado diferente não o garante. "A esperança não é uma estratégia".

Isso é verdade no futebol, mas, em nossa vida espiritual, é exatamente o oposto. Cultivar a esperança em Deus não é apenas uma manobra, mas agarrar-se a Ele com fé e confiança é a *única* estratégia. Este mundo muitas vezes nos decepciona, mas a esperança pode nos ancorar na verdade e poder de Deus durante os tempos turbulentos.

Miqueias ficou de coração quebrantado por Israel ter se afastado de Deus. "Pobre de mim! [...]. Os fiéis desapareceram; não resta uma só pessoa honesta na terra" (vv.1,2). Mas ele voltou a focar em sua verdadeira esperança: "Quanto a mim, busco o Senhor, e espero confiante que Deus me salve" (v.7).

Miqueias nos mostra o que é preciso para manter a esperança em tempos difíceis: observar, esperar, orar e lembrar. Deus ouve os nossos clamores mesmo quando as circunstâncias são esmagadoras. Nestes momentos, nossa estratégia é firmar-se e agir em resposta à nossa esperança em Deus. É a única estratégia que nos ajudará a enfrentar as tempestades da vida. ARH

Pai, ajuda-nos a clamar a ti com fé e esperança,
crendo que ouves o gemido do nosso coração.

Para manter a esperança em tempos difíceis,
é preciso observar, esperar, orar e lembrar.

DIA **45**

PROCURANDO O TESOURO

Leitura: Provérbios 4:5-19

Pois a sabedoria dá mais lucro que a prata e rende mais que o ouro. 3:14

Tesouro enterrado; parece algo extraído de um livro infantil. Mas o excêntrico milionário Forrest Fenn afirma ter um baú de joias e ouro avaliado em mais de dois milhões de dólares em algum lugar nas montanhas. Muitas pessoas já saíram à procura desse baú. Na realidade, quatro pessoas já perderam a vida tentando encontrar essas riquezas escondidas.

O autor de Provérbios nos dá motivos para pensar: *Será que há um tesouro que mereça tal busca?* Em Provérbios 4, um pai escrevendo aos filhos sobre como viver bem, sugere que a sabedoria é algo que merece ser buscado a qualquer custo (v.7). A sabedoria, segundo ele, nos conduzirá pela vida, impedindo que tropecemos, e nos coroará com honra (vv.8-12). Escrevendo centenas de anos depois, Tiago, um dos discípulos de Jesus, também enfatizou a importância da sabedoria: "a sabedoria que vem do alto é, antes de tudo, pura. Também é pacífica, sempre amável e disposta a ceder a outros. É cheia de misericórdia e é o fruto de boas obras. Não mostra favoritismo e é sempre sincera" (TIAGO 3:17). Quando a buscamos, achamos todos os tipos de coisas boas florescendo em nossa vida.

Por fim, buscar sabedoria é buscar a Deus, a fonte de toda a sabedoria e entendimento. E a sabedoria que vem do alto vale mais do que qualquer tesouro escondido que possamos imaginar.

ALP

Você está buscando a sabedoria de Deus?
Como pode buscá-la ainda hoje?

Deus, ensina meu coração a desejar a sabedoria e meus pés a andar em Teus caminhos.

DIA 46

CAMINHOS INESPERADOS

Leitura: 1 Reis 19:1-12

Quem me vê, vê o Pai. João 14:9

Em 1986, Levan Merritt, de 5 anos, caiu no cercado de gorilas em um zoológico da Inglaterra. Enquanto as pessoas gritavam por ajuda, Jambo, um macho adulto colocou-se entre o garoto e os outros gorilas. E tocou delicadamente nas costas da criança. Quando Merritt chorou, Jambo conduziu os outros gorilas ao cercado deles, enquanto o menino era resgatado. Mais de 30 anos se passaram e Meriti ainda fala sobre esse gigante gentil — seu anjo da guarda que agiu de maneira inesperada, e mudou para sempre sua percepção dos gorilas.

Talvez, Elias esperasse que Deus agisse de determinada forma, mas o Deus dos deuses usou um vento forte, o terremoto e fogo para mostrar ao profeta como *não* pensar nele. Depois, Deus usou um sussurro suave para revelar Seu coração e manifestar Sua presença (v.11,12).

Elias já havia visto o poder de Deus (18:38,39), mas não compreendia totalmente Aquele que deseja ser conhecido como mais do que o maior e mais temível dos deuses (19:10,14).

Por fim, aquele sussurro suave teve completo significado quando Jesus disse: "Quem me vê, vê o Pai" (JOÃO 14:9). Ele silenciosamente permitiu ser pregado no madeiro — um ato inesperado e compassivo do Deus que nos ama. MRD

Pai celestial, ajuda-nos a extrair coragem
do Teu sussurro — e dos caminhos do Teu Filho.
Tem misericórdia de nós por não enxergamos
além do Teu poder e contemplarmos um amor que
mal começamos a conhecer.

Deus não gritará se precisarmos de apenas um sussurro.

DIA **47**

LAR

Leitura: João 14:1-6

Na casa de meu Pai há muitas moradas. Se não fosse assim, eu lhes teria dito. Vou preparar lugar para vocês. v.2

Recentemente, uma amiga, corretora de imóveis, morreu de câncer. Ao relembrarmos sobre ela, minha esposa recordou-se de que, muitos anos atrás, Patrícia levara um homem à fé em Jesus e ele se tornara um bom amigo nosso. Como é encorajador relembrar que Patrícia não só ajudou as famílias a encontrarem moradias aqui em nossa comunidade, mas também a garantir que tivessem um lar eterno.

Quando Jesus se preparou para ir à cruz por nós, Ele demonstrou grande interesse em nossas acomodações eternas e disse aos Seus discípulos: "Vou preparar lugar para vocês" (v.2). O Mestre lembrou-lhes que haveria muito espaço na casa de Seu Pai para todos os que confiassem nele.

Adoramos ter uma boa casa nesta vida: um lugar especial para nossa família comer, dormir e curtir a companhia um do outro. Mas pense em como será incrível quando entrarmos na próxima vida e descobrirmos que Deus cuidou de nossas acomodações eternas. Louve ao Senhor por nos dar vida "plena" (10:10), incluindo Sua presença conosco agora e nossa presença com Ele mais tarde no lugar que Ele está preparando para nós (14:3).

Pensar no que Deus reserva para os que confiam em Jesus nos desafia a fazer o mesmo que a Patrícia fez: apresentar outras pessoas a Jesus. *JDB*

Senhor, enquanto antecipamos o que preparas para nós, ajuda-nos a levar outros a Cristo para que também usufruam do lar eterno que estás preparando aos que creem em Jesus.

Compartilhe sobre a realidade do lar eterno e da segurança que isso traz.

DIA **48**

FUGINDO DOS RUÍDOS EXTRAS

Leitura: 1 Reis 19:9-13

E, depois do fogo, veio um suave sussurro. v.12

Há alguns anos, a reitora de uma faculdade sugeriu que os alunos fizessem uma "desaceleração" certa noite. Mesmo concordando, eles relutaram em deixar o celular de lado ao entrar na capela. Durante uma hora, sentaram-se em silêncio num culto de louvor e oração. Posteriormente, um participante descreveu a experiência como "uma oportunidade maravilhosa de se acalmar [...] uma ocasião de se desligar de todo barulho extra".

Às vezes, é difícil fugir do "ruído extra". O clamor do mundo interior e exterior pode ser ensurdecedor. Mas, quando estamos dispostos a "desacelerar", entendemos o lembrete do salmista sobre a necessidade de nos aquietarmos para saber quem é Deus (SALMO 46:10). Em 1 Reis 19, descobrimos que, quando o profeta Elias buscou o Senhor, não o encontrou no caos do vento nem no terremoto nem no fogo (vv.9-13). Elias ouviu o suave sussurro de Deus (v.12).

Os ruídos extras fazem parte praticamente de todas as comemorações. Quando famílias e amigos se reúnem, é provável que haja conversas animadas, comida em excesso, riso barulhento e doces expressões de amor. Mas quando abrimos silenciosamente o coração, descobrimos que o tempo com Deus é ainda mais doce. Como Elias, somos mais propensos a encontrar Deus na quietude. E, às vezes, se estivermos atentos, também ouviremos esse sussurro suave. *CHK*

Você quer aproximar-se de Deus?
Como você pode "desacelerar"?

É no silêncio que somos mais propensos a ouvir o sussurro suave de Deus.

DIA **49**

UM MOMENTO ADEQUADO

Leitura: Eclesiastes 3:1-14

...Deus fez tudo apropriado para seu devido tempo. v.11

Comprei uma passagem aérea para mandar minha filha mais velha para a faculdade. Surpreende-me ver que o teclado do meu computador ainda funciona depois da cachoeira de lágrimas que derramei durante o processo de compra dessa passagem. Fomos tão felizes durante os 18 anos de convivência diária que estou triste com a possibilidade da partida. Mesmo assim, não a privaria da oportunidade que ela tem adiante porque sentirei saudades. Nesse momento, é bom que ela embarque numa nova jornada para descobrir a vida adulta e explorar outra parte do país.

Encerrando essa fase da maternidade, sem dúvida, começará outra que trará novos desafios e alegrias. Salomão, o terceiro rei de Israel, escreveu que Deus designa um "momento certo para tudo, um tempo para cada atividade debaixo do céu" (v.1). Nós, humanos, temos pouco controle sobre os acontecimentos da nossa vida — quer sejam favoráveis ou não. Mas Deus, em Seu tremendo poder, faz "tudo apropriado para seu devido tempo" (v.11).

Nos momentos de dor, podemos confiar que Deus extrairá algo bom dessa fase no tempo certo. Nosso consolo e alegrias podem ir e vir, mas o trabalho de Deus "é definitivo" (v.14). Podemos não gostar de todas as fases — algumas realmente são dolorosas —, mas Ele pode extrair beleza de todas elas. *KHH*

Pai, tu permitiste esta fase da minha vida.
Ajuda-me a ter contentamento em meio a ela
e a reconhecer o Teu poder e força.

Deus extrai beleza de todas as fases da vida.

DIA **50**

O GRANDE DESPERTAR

Leitura: Deuteronômio 34:1-8

...cremos que Deus trará de volta à vida, com Jesus, todos os que morreram. 1 Tessalonicenses 4:14

Tenho memórias preciosas de encontros com amigos da família quando os nossos meninos eram pequenos. Os adultos conversavam por horas a fio, e, nossos filhos, cansados de brincar, deitavam-se num sofá ou cadeira e adormeciam.

Chegada a hora de ir embora, eu pegava nossos filhos em meus braços, levava-os ao carro, colocava-os no banco de trás e ia para casa. Quando chegávamos a casa, eu os carregava de novo, colocava-os em suas camas, dizia-lhes "boa-noite" e apagava a luz. De manhã, eles acordavam em casa.

Isso se tornou uma rica metáfora para mim da noite em que "...Deus trará de volta à vida, com Jesus, todos os que morreram" (1 TESSALONICENSES 4:14). Dormiremos... e despertaremos em nosso lar eterno, e, nesse lar, será eliminado o cansaço que marca os nossos dias.

Noutro dia, deparei-me com um texto do Antigo Testamento, o qual me surpreendeu Era um comentário em Deuteronômio: "Moisés, servo do SENHOR, morreu ali na terra de Moabe, conforme o SENHOR tinha dito" (34:5). No hebraico significa literalmente: "Moisés morreu... com a boca do SENHOR", uma expressão que os rabinos antigos traduziam por "com o beijo do SENHOR".

É demais imaginarmos que Deus se incline sobre nós em nossa última noite na Terra, para aconchegar-nos e nos dar o beijo de boa-noite? Ou, então, como João Donne colocou tão eloquentemente: "Um breve sono e acordaremos para a eternidade". DHR

*Pai, porque os Teus braços nos carregam,
podemos dormir em paz.*

A morte é apenas o nosso desvio desse tempo à eternidade. WILLIAM PENN

DIA **51**

ALGUÉM QUE LIDERA

Leitura: 2 Reis 2:1-6

Então Elias disse a Eliseu: "Fique aqui, pois o SENHOR me mandou ir ao rio Jordão". v.6

Em quem você pensa quando ouve a palavra *mentor*? Eu penso no pastor Ricardo que viu meu potencial e acreditou em mim, mesmo quando eu não acreditava. Ele foi o meu modelo de como liderar e servir com humildade e amor. Hoje, sirvo a Deus e oriento outros.

O profeta Elias teve papel fundamental no crescimento de Eliseu como líder. Elias o encontrou arando um campo e o convidou para ser seu pupilo após Deus ter lhe dito para ungi-lo como seu sucessor (1 REIS 19:16,19). O jovem aprendiz viu seu mentor realizar milagres incríveis e obedecer a Deus não importando as circunstâncias. O Senhor usou Elias para prepará-lo ao ministério. Perto do fim da vida de Elias, Eliseu teve a oportunidade de desistir. Porém, o jovem renovou o seu compromisso com o seu mentor. Três vezes, Elias ofereceu para Eliseu livrar-se de seus deveres, mas este recusava-se, dizendo: "Tão certo como vive o SENHOR, e tão certo como a sua própria vida, não o deixarei" (vv.2,4,6). Como resultado da fidelidade de Eliseu, ele também foi usado por Deus de maneiras extraordinárias.

Todos nós precisamos de alguém que nos exemplifique o que significa seguir a Jesus. Que Deus nos dê pessoas piedosas que nos ajudem a crescer espiritualmente. E que também nós, pelo poder do Seu Espírito, possamos investir nossa vida em outros.

EPE

Quem são os mentores que o auxiliam ou já o auxiliaram?
Por que é essencial que orientemos outros em Jesus?

Deus Pai, somos gratos por proveres mentores
que nos desafiam e encorajam.
Ajuda-nos a fazer o mesmo pelos outros.

DIA **52**

A BÊNÇÃO DOS ENCORAJADORES

Leitura: Atos 9:26–31

Então Barnabé o levou [Saulo] aos apóstolos... v.27

O filme *O Discurso do Rei* (2010) conta a história de George VI, rei da Inglaterra, que se tornou monarca quando o irmão abdicou do trono. Com a iminência da Segunda Guerra Mundial, o governo queria um líder articulado por causa do influente poder do rádio. Mas o rei George VI era gago.

Cativou-me a atuação da esposa de George, Elizabeth. Durante a luta dolorosa do marido, ela foi sua constante fonte de estímulo. Sua dedicação ajudou a prover o apoio necessário para o rei superar o problema de gagueira e governar em meio à guerra.

A Bíblia destaca histórias de pessoas que foram fonte de encorajamento em circunstâncias difíceis. Moisés teve o apoio de Aarão e Hur (ÊXODO 17:8-16), e Isabel encorajou Maria, quando esta estava grávida (LUCAS 1:42-45).

Paulo, já convertido, precisou do apoio de Barnabé, cujo nome significa "filho de encorajamento". Enquanto os discípulos temiam Paulo, Barnabé responsabilizou-se por ele, colocando em risco a própria reputação (ATOS 9:27). Isso foi essencial para que Paulo fosse acolhido pela comunidade cristã. Barnabé também foi seu companheiro de ministério (ATOS 14), e, apesar dos perigos, eles trabalharam juntos proclamando o evangelho.

A orientação para os cristãos é: "animem e edifiquem uns aos outros" (1 TESSALONICENSES 5:11). Que possamos ser fontes de ânimo para outras pessoas em situações difíceis. *LMS*

Senhor Jesus, ajuda-me a encorajar os outros.

**O encorajamento de um amigo
pode fazer toda a diferença.**

DIA 53

ESPERANÇA CONFIANTE

Leitura: Filipenses 1:19-26

Pois, para mim, o viver é Cristo, e o morrer é lucro. v.21

O Dr. William Wallace trabalhava como cirurgião missionário na China, na década de 1940, quando o país foi atacado pelo Japão. Responsável pelo hospital da época, Wallace ordenou que levassem seus equipamentos para barcaças e que o hospital continuasse a funcionar flutuando nos rios e evitando, assim, ataques da infantaria.

Durante fases perigosas (v.21) — um dos versículos prediletos de Wallace — o fazia lembrar-se de que, se ele vivia, tinha de trabalhar para o Salvador; se morresse, teria a promessa de eternidade com Cristo. Em 1951, esse versículo adquiriu seu verdadeiro significado quando ele foi acusado falsamente e morreu na prisão.

Os escritos de Paulo refletem a devoção profunda que, sendo seguidores de Jesus, também devemos desejar; que nos capacita a enfrentar provações e até perigos por Sua causa. Esta devoção torna-se real pelo auxílio do Espírito Santo e pelas orações dos que nos cercam (v.19). Isso também é uma promessa. Quando prosseguimos na obra de Deus mesmo em circunstâncias difíceis, lembremo-nos de que quando a nossa vida e obra aqui terminarem, ainda teremos a alegria de usufruir a eternidade com Jesus.

Nos momentos mais difíceis, com o coração comprometido a andar com Cristo e com os olhos fixos na promessa da eternidade, que os nossos dias e nossos atos abençoem os outros com o amor de Deus.

RKK

*Faz de mim, Pai, um servo disposto
em tempos de força e em tempos de fraqueza.*

Os sacrifícios oferecidos a Deus são oportunidades para manifestar o Seu amor.

DIA **54**

FORA DA ARMADILHA

Leitura: 1 Timóteo 6:6-10

Sei viver na necessidade e também na fartura.
Filipenses 4:12

A **planta vênus papa-moscas** é encontrada numa pequena área de terra úmida e arenosa perto de onde moro. É fascinante observar essas plantas carnívoras.
    Elas liberam um néctar doce em armadilhas coloridas que lembram flores abertas. Quando um inseto pousa, seus sensores são acionados na borda externa, a armadilha se fecha em menos de um segundo capturando a sua vítima. A armadilha, então, fecha-se ainda mais e emite enzimas que consomem a sua presa, dando à planta os nutrientes não fornecidos pelo solo arenoso.
    A Bíblia fala de outra armadilha que pode capturar de repente. O apóstolo Paulo advertiu o jovem Timóteo: "...aqueles que desejam enriquecer caem em tentações e armadilhas e em muitos desejos tolos e nocivos, que os levam à ruína e destruição". E "alguns, por tanto desejarem dinheiro, desviaram-se da fé e afligiram a si mesmos com muitos sofrimentos" (1 TIMÓTEO 6:9,10).
    O dinheiro e os bens materiais podem prometer felicidade, mas, se estiverem em primeiro lugar em nossa vida, caminharemos em terreno perigoso. Evitamos essa armadilha tendo o coração agradecido e humilde, atentos à bondade de Deus conosco por Jesus: "...devoção acompanhada de contentamento é, em si mesma, grande riqueza" (v.6).
    As coisas temporais deste mundo nunca satisfarão como Deus o faz. O contentamento duradouro encontra-se apenas em nosso relacionamento com Ele.   *JBB*

Como podemos dar ao Senhor a prioridade em nossa vida?

Amado Senhor, tu és a maior bênção da minha vida! Ajuda-me a contentar-me com tudo o que tu és hoje.

DIA **55**

FORÇA PARA A SUA JORNADA

Leitura: Habacuque 3:16-19

O Senhor [...] torna meus pés firmes como os da corça, para que eu possa andar em lugares altos. v.19

Essa clássica alegoria da vida cristã *Pés como os da corça nos lugares altos* (Ed. Vida, 2009), baseia-se em Habacuque 3:19. A história segue a jornada da personagem Grande-Medrosa com o Pastor.

Receosa, Grande-Medrosa pede que o Pastor a carregue. Porém, ele lhe diz que se a carregar aos Lugares Altos em vez de deixá-la escalar até lá, ela jamais desenvolveria os "pés de corça" tão necessários para acompanhá-lo, por onde quer que ele fosse.

Grande-Medrosa remete-nos as perguntas do profeta Habacuque no Antigo Testamento (e as minhas perguntas também!): "Por que eu devo sofrer?" "Por que a minha jornada é difícil?".

Habacuque viveu em Judá no fim do século 17 a.C., antes que os israelitas fossem para o exílio. Nessa época, a sociedade negligenciava a injustiça social e era paralisada pelo medo do cerco babilônio (1:2-11). Ele pediu que o Senhor os libertasse do sofrimento (1:13), mas Deus respondeu que agiria em Seu tempo (2:3).

Habacuque confiou no Senhor. Mesmo que o sofrimento não terminasse, o profeta cria que Deus seria a sua força. Podemos ter o consolo de que o Senhor é a força que nos ajudará a suportar o sofrimento e que usará as jornadas mais difíceis da vida para aprofundar a nossa comunhão com Cristo. *LMS*

Deus, às vezes, minha dor parece insuportável.
Agradeço-te por me fortaleceres. Ajuda-me a confiar em ti
e a prosseguir contigo nesta jornada.

Podemos confiar que o Senhor
será a nossa força em tempos difíceis.

DIA 56

TODAS AS COISAS NOVAS

Leitura: Apocalipse 21:1-7

...aquele que está em Cristo se tornou nova criação. [...] e uma nova vida teve início! 2 Coríntios 5:17

Os **ferros-velhos** me intrigam, pois gosto de trabalhar com carros, por isso frequento um que tenho perto de nossa casa. Nesse lugar solitário, o vento sopra entre as carcaças que um dia pertenceram a alguém. Umas destruídas, outras sem utilidade. Ao andar entre as fileiras, às vezes, um carro chama a minha atenção, e pergunto-me sobre as aventuras que ele teve durante sua "vida". Como um portal para o passado, cada um tem uma história para contar sobre o anseio humano pelo último modelo e da passagem inevitável do tempo.

Mas sinto particular alegria ao encontrar uma nova vida para uma peça antiga. Sempre que posso usar algo descartado e dar-lhe nova vida num veículo restaurado, parece-me uma pequena vitória contra o tempo e o declínio.

Às vezes, isso me traz à mente as palavras de Jesus no final da Bíblia: "...faço novas todas as coisas!" (APOCALIPSE 21:5). São palavras que se referem à renovação da Criação por Deus, que inclui os cristãos. Todos os que receberam Jesus são uma "nova criação" nele (2 CORÍNTIOS 5:17).

Um dia viveremos com Jesus (JOÃO 14:3). O envelhecimento e a doença não existirão, e continuaremos a aventura da vida eterna. Quais histórias cada um de nós terá para contar? Histórias do amor redentor e da infinita fidelidade de nosso Salvador. *JBB*

Senhor, louvo-te por ser uma nova criação em ti,
pois em Tua bondade e misericórdia me
deste a promessa da vida eterna.

O fim de um ano e o começo de outro
é uma oportunidade para renovação.

DIA 57

CADA HISTÓRIA SUSSURRA O SEU NOME

Leitura: Lucas 24:17-27

Então Jesus os conduziu por todos os escritos de Moisés e dos profetas, explicando o que as Escrituras diziam a respeito dele. v.27

Abri a **Bíblia ilustrada** das crianças e comecei a ler para o meu neto. Ficamos encantados com a história do amor e provisão de Deus derramada em prosa. Marcando a página, virei e li o título mais uma vez: *A Bíblia das histórias de Jesus: Cada história sussurra o Seu nome.*

Cada história sussurra o Seu nome. Para ser honesta, a Bíblia é difícil de compreender, especialmente o Antigo Testamento. Por que os que não conhecem a Deus parecem triunfar sobre os filhos de Deus? Como Ele pode permitir tal crueldade quando sabemos que o Seu caráter é puro e que os propósitos de Deus são para o nosso bem?

Após Sua ressurreição, Jesus encontrou dois discípulos na estrada para Emaús que não o reconheceram e lutavam com a decepção pela morte de seu Messias (LUCAS 24:19-24). Eles tinham "esperança de que ele fosse aquele que resgataria Israel..." (v.21). Lucas registra como Cristo os tranquilizou: "Jesus os conduziu por todos os escritos de Moisés e dos profetas, explicando o que as Escrituras diziam a respeito dele" (v.27).

Cada história sussurra o Seu nome, até mesmo as difíceis, pois revelam a total fragilidade do mundo e nossa necessidade de um Salvador. Toda ação, acontecimento, e intervenção aponta à redenção que Deus preparou aos Seus teimosos entes queridos: trazer-nos de volta a Ele. *ELM*

Como o resgate de Deus age em sua vida? Quais histórias o incomodam hoje? Você consegue ver Deus agindo?

Deus, ajuda-me a ouvir-te enquanto sussurras o Teu nome em cada história das Escrituras.

DIA 58

RESTAURADOS

Leitura: Joel 2:18-27

Eu lhes devolverei o que perderam por causa dos gafanhotos... v.25

Em 2003, uma infestação de grilos mórmon causou um prejuízo de 25 milhões de dólares em colheitas perdidas. Eram tantos que as pessoas não conseguiam dar um passo sequer sem pisar em um grilo. O inseto, semelhante a um gafanhoto, foi o responsável por atacar as colheitas dos pioneiros de Utah, EUA, em 1848. Esse grilo pode comer incríveis 17 kg de plantas durante a vida apesar de medir entre 5cm e 7cm apenas. O impacto das infestações sobre o lucro dos fazendeiros e sobre a economia do estado ou país pode ser devastador.

O profeta Joel descreveu uma horda de insetos parecidos prejudicando toda a nação de Judá como resultado da desobediência coletiva. Ele profetizou uma invasão de gafanhotos (metáfora de um exército estrangeiro na opinião de alguns teólogos) como algo que nenhuma geração anterior presenciara (JOEL 1:2). Os gafanhotos assolaram tudo em seu caminho, causando fome e miséria. Entretanto, se os israelitas deixassem os caminhos do pecado e pedissem perdão a Deus, Joel afirma que o Senhor lhes devolveria o que perderam por causa dos gafanhotos (2:25).

Também podemos aprender com a lição de Judá: como os insetos, os nossos erros se alimentam da vida frutífera que Deus planejou para nós. Quando nos voltamos para Ele e nos afastamos das escolhas do passado, Ele promete remover nossa vergonha e nos restaurar à vida abundante nele. KHH

Pelo que você pode pedir perdão a Deus hoje?

O amor de Deus restaura.

DIA **59**

O ALICERCE DA ESPERANÇA

Leitura: Hebreus 11:1-6

...Deus [...] lhes suprirá todas as necessidades por meio das riquezas [...] em Cristo Jesus. Filipenses 4:19

As lições de fé podem vir de onde menos esperamos, como a que eu aprendi com meu labrador de 50 kg, o "Urso". O grande bebedouro de metal do Urso estava num canto da cozinha. Sempre que ficava vazio, ele não latia nem batia com a pata. Em vez disso, ele se deitava tranquilamente ao lado do bebedouro e esperava. Às vezes, o Urso tinha de esperar alguns minutos, mas ele aprendeu a confiar que, por fim, eu entraria na cozinha, o veria e lhe daria o necessário. Sua simples fé em mim me lembrou da minha necessidade de confiar mais em Deus.

A Bíblia nos diz que a "fé mostra a realidade daquilo que esperamos; ela nos dá convicção de coisas que não vemos" (11:1). A base dessa convicção e segurança é o próprio Deus, que "recompensa aqueles que o buscam" (v.6). Deus é fiel em manter Suas promessas para todos os que creem e o buscam por meio de Jesus.

Às vezes é difícil ter fé nas "coisas que não vemos". Mas podemos descansar na bondade de Deus e em Seu caráter amoroso, sabendo que a Sua sabedoria é perfeita em tudo, mesmo quando temos de esperar. O Senhor é sempre fiel em fazer o que diz: salvar nossa alma eterna e suprir as nossas necessidades mais profundas, hoje e para sempre. *JBB*

*Pai Altíssimo, agradeço-te por Tua fidelidade
em sempre cuidar de mim. Ajuda-me a confiar em ti
e a descansar em Teu amor perfeito.*

Não se preocupe com o amanhã, Deus já está lá.

DIA **60**

O CAMPANÁRIO TORTO

Leitura: 2 Coríntios 12:1-10

Minha graça é suficiente para você, pois meu poder é aperfeiçoado na fraqueza. v.9

Os campanários tortos da igreja deixam as pessoas nervosas. Alguns amigos compartilharam conosco como, após fortes ventos, a bela torre de sua igreja estava torta, causando-lhes preocupação.

A torre fora rapidamente consertada, mas a imagem humorística me fez refletir. Muitas vezes, vemos a igreja como um lugar onde se espera que tudo pareça perfeito; não como um local onde podemos nos apresentar desalinhados. Certo?

Mas, nesse mundo destruído, todos nós somos "desalinhados", cada um tem a própria coleção de fraquezas naturais. Podemos estar predispostos a manter nossas vulnerabilidades em segredo, mas as Escrituras encorajam o oposto. Paulo sugere que é em nossas fraquezas, no caso dele, uma luta sem nome que ele chama de "espinho na carne" (v.7), onde é mais provável que Cristo revele o Seu poder. Jesus disse a Paulo: "Meu poder opera melhor na fraqueza" (v.9). E Paulo concluiu: "Por isso aceito com prazer fraquezas e insultos, privações, perseguições e aflições que sofro por Cristo. Pois, quando sou fraco, então é que sou forte" (v.10).

Podemos não gostar de nossas imperfeições, mas ocultá-las apenas nega o poder de Jesus de trabalhar dentro desses aspectos de nós mesmos. Quando convidamos Jesus para os lugares tortuosos em nós, Ele gentilmente nos conserta e redime de maneiras que nosso esforço nunca poderia realizar. *ARH*

De que maneira Deus age em meio às suas imperfeições?

Convide Jesus para reparar as suas imperfeições.

DIA **61**

MANDE UMA CARTA

Leitura: Colossenses 1:9-12

...desde que ouvimos falar a seu respeito, não deixamos de orar por vocês... v.9

Como a maioria das crianças de 4 anos, Rúbia amava correr, cantar, dançar e brincar. Mas ela começou a se queixar de dor nos joelhos. Seus pais a levaram para fazer exames, e o resultado foi chocante: um diagnóstico de câncer no estágio 4. Rúbia rapidamente deu entrada no hospital.

A estadia da menininha se estendeu até o Natal. Uma enfermeira sugeriu colocar um tipo de caixa de correio do lado de fora do quarto para que a família pudesse enviar cartas de oração e encorajamento. Depois, o apelo chegou ao *Facebook*, e foi quando o volume de correspondências de amigos e estranhos surpreendeu todos, principalmente a garotinha Rúbia. A cada carta recebida (mais de 100 mil no total), Rúbia se tornava mais animada, e ela finalmente foi para casa.

A carta de Paulo à igreja de Colossos era exatamente isso: uma carta (v.2). Palavras escritas numa página que levaram a esperança de que pudessem dar bons frutos, conhecimento, força, perseverança e paciência (vv.10,11). Você consegue imaginar como essas palavras foram uma boa dose de remédio para os fiéis de Colossos? Só o fato de saberem que alguém estava orando sem cessar por eles os fortaleceu para que ficassem firmes na fé em Cristo Jesus.

Nossas palavras de ânimo podem ajudar dramaticamente as pessoas necessitadas.

JB

De que forma as palavras dos outros o encorajaram?
Que oportunidades tenho de ofertar a alguém
a "carta" com o encorajamento necessário?

Deus, traz à minha mente alguém que precise de ânimo.
E ajuda-me a agir sob a Tua orientação.

DIA **62**

UMA CANÇÃO NA NOITE

Leitura: Salmo 42:1-11

...se esperamos por algo que ainda não temos, devemos fazê-lo com paciência e confiança.
Romanos 8:25

A **vida do** meu pai foi cheia de anseios. Ele ansiava por plenitude mesmo quando o mal de Parkinson incapacitava a sua mente e seu corpo. Ansiava por paz, mas era atormentado pela depressão. Ansiava por sentir-se amado, mas sentia-se profundamente só.

Ele se sentia menos desamparado quando lia as palavras do Salmo 42, seu salmo favorito. Como ele, o salmista também conhecia a sede insaciável de cura (vv.1,2). O salmista conhecia a tristeza que parecia nunca ir embora (v.3), fazendo dos momentos de pura alegria uma lembrança distante (v.6). Como o meu pai, o salmista diante de ondas de caos e dor se sentia abandonado por Deus e perguntava: "Por quê?" (vv.7,9).

E, à medida que as palavras do salmo o inundavam, garantindo-lhe que ele não estava só, meu pai sentia o início de uma paz silenciosa e ouvia uma voz suave dizendo-lhe que, mesmo sem respostas, mesmo esmagado pelas ondas, ele ainda era amado (v.8).

De alguma forma, ouvir essa silenciosa canção de amor na noite bastava. Era o suficiente para ele agarrar-se às centelhas de esperança, amor e alegria. Bastava para ele esperar com paciência o dia em que seus anseios seriam finalmente satisfeitos (vv.5,11).

MRB

*Senhor, sabemos que levaste todo o nosso sofrimento
e que, um dia, o transformarás em vida ressurreta.
Mesmo assim, esperamos e ansiamos por cura.*

**Enquanto esperamos pela manhã,
podemos descansar na canção de amor de Deus.**

DIA **63**

POR AMOR OU DINHEIRO

Leitura: Lucas 19:1-10

...Guardem-se de todo tipo de ganância. A vida [...] não é definida pela quantidade de seus bens. 12:15

O **poeta irlandês** Oscar Wilde disse: "Quando eu era jovem, achava que o dinheiro era a coisa mais importante da vida. Hoje, que sou velho, tenho certeza". Esse comentário foi irônico; uma vez que ele viveu apenas 46 anos, de modo que nunca foi verdadeiramente "velho". Wilde compreendeu plenamente que a vida não se resume ao dinheiro.

O dinheiro é temporário; vem e vai. Portanto a vida deve ser mais do que o dinheiro e o que ele pode comprar. Jesus desafiou o povo de Sua geração — ricos e pobres — a seguir um sistema de valores melhor e mais ajustado. Em Lucas 12:15, Jesus disse: "Cuidado! Guardem-se de todo tipo de ganância. A vida de uma pessoa não é definida pela quantidade de seus bens". Em nossa cultura, onde há um foco permanente em *mais, mais novos* e *melhores*, há algo a ser dito tanto sobre o contentamento quanto sobre a perspectiva de como vemos o dinheiro e os bens.

Ao se encontrar com Jesus, um jovem rico saiu triste por ter muitos bens dos quais não queria se desfazer (18:18-25), mas Zaqueu, o coletor de impostos, doou muito do que havia adquirido durante a sua vida (19:8). A diferença está no adotar a essência de Cristo. Em Sua graça, podemos encontrar uma perspectiva saudável sobre os nossos bens para que estes não determinem o nosso valor.

WEC

O que não pode faltar em sua vida? Por quê?
É algo duradouro ou momentâneo?

Pai, concede-me a Tua sabedoria,
pois quero manter a perspectiva correta e ter princípios
que reflitam a Tua habitação em mim.

DIA **64**

ATMOSFERA DE ENCORAJAMENTO

Leitura: Romanos 15:1-7

Devemos agradar ao próximo [...] com a edificação deles como alvo. v.2

Sinto-me animado sempre que visito a academia perto de casa. Naquele lugar movimentado, sou cercado por outras pessoas que estão lutando para melhorar sua saúde física. As placas nos relembram que não devemos julgar, mas que as palavras e ações que revelam apoio aos esforços alheios são sempre bem-vindas.

Que ótima imagem de como as coisas deveriam ser na esfera espiritual da vida! Aqueles que estão lutando para "entrar em forma" espiritualmente, crescer na fé, podem às vezes se sentir excluídos, porque não são espiritualmente tão aptos — à medida que amadurecem no caminho com Jesus quanto os outros.

Paulo nos deu esta sugestão direta: "animem e edifiquem uns aos outros" (1 TESSALONICENSES 5:11). E aos cristãos de Roma, escreveu: "Devemos agradar ao próximo [...] com a edificação deles como alvo" (v.2). Reconhecendo que nosso Pai é tão generoso conosco, mostremos a graça divina aos outros com ações e palavras de encorajamento.

Ao "aceitar uns aos outros" (v.7), que confiemos nosso crescimento espiritual a Deus — à obra de Seu Espírito. E, buscando segui-lo diariamente, que possamos criar uma atmosfera de encorajamento para os nossos irmãos e irmãs em Jesus enquanto eles também buscam crescer na fé.   *JDB*

*Senhor, ajuda-me hoje a encorajar outras pessoas
ao longo do caminho. Guia-me para dizer
palavras que não as desanimarão, mas as levarão
a caminhar contigo no Teu amor.*

**Uma palavra de ânimo pode fazer a diferença
entre desistir e prosseguir.**

DIA 65

ABRINDO OS CÉUS

Leitura: Isaías 64:1-8

Quem dera abrisses os céus e descesses! v.1

Minha amiga desabafou comigo que havia abandonado a fé. Ouvi a queixa familiar: *Como posso crer num Deus que parece não agir?* Essa pergunta angustiante nos surge em algum momento ao lermos sobre violência e ao carregarmos as nossas próprias mágoas. A angústia da minha amiga revelou sua intensa necessidade de que Deus agisse em seu favor, um anseio que todos nós provavelmente sentimos.

Israel conhecia isso muito bem. O Império Babilônio oprimia a nação de Israel, esmagando-a com punho de ferro e transformando Jerusalém em escombros. O profeta Isaías colocou em palavras a dúvida sombria do povo: *Onde está o Deus que deveria nos resgatar?* (vv.11-15). No entanto, nesse mesmo lugar, Isaías fez uma oração ousada a Deus: "Quem dera abrisses os céus e descesses" (v.1). A dor e o sofrimento do profeta não o levaram a afastar-se do Senhor, mas a aproximar-se ainda mais dele.

Nossas dúvidas e problemas oferecem um presente estranho: revelam o quanto estamos perdidos e precisamos de Deus agindo em nosso favor. Vemos agora a história notável e improvável. Em Jesus, Deus *rasgou* os céus e veio até nós. Cristo entregou o próprio corpo dilacerado e ferido para que pudesse nos inundar com o Seu amor. Em Jesus, Deus está muito perto. *WC*

*Deus, gosto de fingir que sei administrar
minha vida, que posso chegar à resposta. Mas não posso!
Preciso de ti. Tu abririas os céus e descerias?*

**Sobre quais perguntas ou dúvidas
você precisa conversar com Deus?**

DIA 66

APENAS UM TOQUE

Leitura: Apocalipse 1:9-18

Ele, porém, colocou a mão direita sobre mim e disse: "Não tenha medo! Eu sou o Primeiro e o Último". v.17

Foi **apenas** um toque, mas para Célio fez toda a diferença. Sua pequena equipe se preparava para fazer um trabalho de caridade numa região conhecida pela hostilidade aos cristãos e seu nível de estresse começou a aumentar. Quando ele compartilhou suas preocupações com um companheiro da equipe, seu amigo parou, colocou a mão em seu ombro e compartilhou algumas palavras encorajadoras com ele. Célio viu nesse breve toque um ponto de virada, um poderoso lembrete da simples verdade de que Deus estava com ele.

João, o amigo íntimo e discípulo de Jesus, havia sido banido para a desolada ilha de Patmos por pregar o evangelho quando ouviu "uma forte voz, como um toque de trombeta" (1:10). Esse som foi seguido por uma surpreendente visão do próprio Senhor, e João caiu "a seus pés como morto". Porém, naquele momento assustador, ele recebeu consolo e coragem. João escreveu: "Ele, porém, colocou a mão direita sobre mim e disse: "Não tenha medo! Eu sou o Primeiro e o Último" (v.17).

Deus nos tira da nossa zona de conforto para nos mostrar coisas novas, para nos expandir e para nos ajudar a crescer. Mas Ele também traz coragem e conforto para passarmos por todas as situações. Ele não nos deixará sozinhos em nossas provações. Ele tem tudo sob controle. Ele nos tem em Suas mãos. TLG

De que maneira Deus o tira da zona de conforto?
Quais amigos Ele lhe deu para você apoiar e confortar.

Senhor, ajuda-me a reconhecer Tua presença e Teu toque em meio às aflições.

DIA **67**

VOCÊ ESTÁ AÍ?

Leitura: Êxodo 3:11-14

Eu estarei com você... v.12

Quando a sua esposa contraiu uma doença terminal, Michael desejou que ela provasse a paz do relacionamento com Deus, mas ela não demonstrou interesse. Um dia, numa livraria, um título chamou a sua atenção: *Deus, tu estás aí?*. Sem saber como a esposa reagiria, ele entrou e saiu da livraria várias vezes antes de finalmente comprá-lo. Para sua surpresa, ela aceitou o presente.

O livro a tocou, e ela começou a ler a Bíblia também. Duas semanas depois, a esposa de Michael faleceu, em paz com Deus e sabendo que Ele nunca a deixaria nem a abandonaria.

Quando Deus chamou Moisés para liderar Seu povo na saída do Egito, o Senhor não lhe prometeu poder. Em vez disso, prometeu a Sua presença: "Eu estarei com você" (v.12). Nas últimas palavras de Jesus aos Seus discípulos antes da crucificação, Ele também prometeu a presença eterna de Deus, a qual eles receberiam através do Espírito Santo (JOÃO 15:26).

Há muitas coisas que Deus poderia nos dar para nos ajudar nos desafios da vida tais como conforto material, cura ou as soluções imediatas para os problemas. Às vezes, Ele o faz. Mas Ele é o Seu melhor presente. O Senhor é o maior conforto que temos, independentemente do que acontecer. Ele estará conosco, nunca nos deixará nem nos abandonará. LK

Como você pode contar com o poder da presença de Deus?
É possível viver de forma diferente, sabendo
que Ele está com você a cada passo do caminho?

O Senhor promete estar sempre conosco.
Aprendamos a confiar na presença dele,
reconhecendo que Ele está ao nosso lado.

DIA 68

FAÇA O QUE DIZ

Leitura: Tiago 1:22-25

Ainda mais felizes são os que ouvem a palavra de Deus e a praticam. Lucas 11:28

Bruno, apesar de preparado para ajudar no casamento de seu irmão, não compareceu. Os familiares ficaram desapontados, incluindo sua irmã Jasmine, que nessa ocasião leu a passagem bíblica em 1 Coríntios 13 sobre a fé, a esperança e o amor. Mas passado o casamento, quando o pai lhe pediu que entregasse um presente de aniversário para Bruno, ela hesitou, pois achou mais difícil viver as palavras sobre o amor do que as ler. No entanto, antes que a noite terminasse, ela admitiu: "Não posso ler as Escrituras sobre o amor e deixar de praticá-lo".

Você já leu ou ouviu uma passagem bíblica e sentiu-se condenado por achar difícil praticá-la? Você não está só. É mais fácil ler e ouvir a Palavra de Deus do que obedecê-la. Por isso o desafio de Tiago é tão apropriado: "Não se limitem, porém, a ouvir a palavra; ponham-na em prática. Do contrário, só enganarão a si mesmos" (1:22). Sua ilustração com o espelho nos faz sorrir porque sabemos o que significa observar algo em nós mesmos que precisa de atenção. Mas enganamo-nos se cremos que só observar já é o suficiente. Quando Tiago nos aconselha a "observar atentamente" e a perseverar na "lei perfeita" de Deus (v.25), encoraja-nos a fazer o que Jasmine sentiu-se compelida a fazer — praticá-la. A Palavra de Deus exige isso e Deus não merece nada menos.   ALJ

Sua vida foi enriquecida ao fazer mudanças depois de buscar atentamente às Escrituras? Como?

Senhor, ajuda-me a entender o que significa olhar atentamente para a Tua Palavra e também a praticá-la.

DIA 69

AMOR INESGOTÁVEL

Leitura: Lucas 15:1-7

Alegrem-se comigo, pois encontrei minha ovelha perdida! v.6

Com 19 anos e sem celular mudei-me e fui estudar distante da minha mãe. Certa manhã, saí cedo esquecendo-me de nossa chamada telefônica programada. Naquela noite, dois policiais vieram até a minha porta. Mamãe estava preocupada porque eu nunca havia perdido uma das nossas conversas. Depois de ligar repetidamente e receber o sinal de ocupado, ela procurou ajuda e insistiu que me checassem. Um dos policiais me disse: "É uma bênção saber que o amor não vai parar de alcançá-la".

Quando peguei o telefone para ligar para minha mãe, percebi que tinha deixado acidentalmente o receptor fora de sua base. Depois que me desculpei, ela disse que precisava divulgar as boas-novas para a família e amigos, pois ela os havia informado de que eu estava *desaparecida*. Desliguei pensando que ela tinha exagerado um pouco, embora fosse bom ser amada assim.

As Escrituras revelam uma bela imagem de Deus, que *é* Amor, e é compassivo com Seus filhos errantes. Como um bom pastor, o Senhor se preocupa e procura todas as ovelhas perdidas, afirmando o valor inestimável de todo filho amado de Deus (LUCAS 15:1-7).

O *Amor* nunca para de nos procurar e nos busca até que voltemos para o Senhor. Podemos orar por outras pessoas que precisam saber que o *Amor* — Deus — nunca deixa de buscá-las também.

XED

Saber que Deus nos busca continuamente em amor o encoraja? Como Ele o usa para revelar o Seu amor aos outros?

Pai, obrigado por nos buscares e nos proveres um lugar seguro quando voltamos aos Seus braços amorosos.

DIA 70

ESPERANÇA RESTAURADA

Leitura: João 5:1-8

Quando Jesus o viu e soube que estava enfermo [...] perguntou-lhe: "Você gostaria de ser curado?". v.6

O **Sol nasce** no Leste? O céu é azul? O oceano é salgado? O peso atômico do cobalto é 58.9? Tudo bem; essa última pergunta, talvez você só saiba se for um *nerd* da ciência ou viciado em palavras-cruzadas. Mas as outras perguntas têm uma resposta óbvia: sim! Na realidade, perguntas como estas normalmente são mescladas com uma pitada de sarcasmo.

Se não tomarmos cuidado, nossos ouvidos modernos — às vezes exaustos — poderão ouvir uma pitada de sarcasmo na pergunta de Jesus a um paralítico: "Você gostaria de ser curado?" (v.6). A resposta óbvia parece ser: "Você está de brincadeira?! Busco ajuda há 38 anos!". Mas não há sarcasmo; o sarcasmo está longe da verdade. A voz de Jesus é sempre repleta de compaixão, e Suas perguntas são sempre feitas para o nosso bem.

Jesus sabia que o homem desejava ser curado. Ele também sabia que provavelmente fazia muito tempo que ninguém lhe oferecia ajuda. Antes do milagre divino, a intenção de Jesus era restaurar a esperança do paralítico. Para isso, Ele fez a pergunta óbvia, oferecendo formas de respondê-la: "Levante-se, pegue sua maca e ande!" (v.8). Somos como o paralítico: cada um de nós com áreas da vida em que a esperança murchou. Ele nos vê e compassivamente nos convida a ter novamente esperança; a crer nele. *JB*

Em quais aspectos a sua esperança esfriou?
De que maneira Jesus tem lhe revelado a Sua compaixão?

Jesus nos restaura a alegria da esperança,
a qual nasce quando confiamos nele.

DIA **71**

LINHAS AZUIS

Leitura: Provérbios 4:10-27

Eu lhe ensinarei o caminho da sabedoria e o conduzirei por uma estrada reta. v.11

As pistas de esqui são marcadas por faixas de tinta azul espalhadas sobre o branco da neve. As marcas imperfeitas podem distrair os espectadores, mas são vitais para o sucesso e a segurança dos competidores. A pintura serve como guia para os esquiadores visualizarem a linha mais rápida até o final da colina. Além disso, o contraste da tinta contra a neve dá a percepção de profundidade aos esquiadores, o que é crítico para a segurança deles quando descem em velocidades tão altas.

Salomão implora aos seus filhos que busquem sabedoria na esperança de mantê-los seguros na corrida da vida. Como as linhas azuis, a sabedoria, diz ele, os conduzirá "por uma estrada reta" e os impedirá de tropeçar (vv.11,12). Sua mais profunda esperança como pai é que seus filhos tenham uma vida rica, livre dos efeitos danosos de viverem separados da sabedoria divina.

Deus, nosso amoroso Pai, oferece-nos orientação "faixa azul" na Bíblia. Embora Ele nos dê a liberdade de "esquiar" onde preferirmos, a sabedoria que Ele oferece nas Escrituras, como delimitadores de trajetos, dão "vida a quem as encontra" (v.22). Quando nos afastarmos do mal e caminharmos com Ele, nosso caminho será iluminado com a Sua justiça, a qual impede que nossos pés tropecem e nos guia a cada dia (vv.12,18). *KHH*

Refletir sobre a sabedoria de Deus já o impediu de tropeçar?
De que maneira você está se tornando
mais semelhante a Jesus?

Deus, obrigado por Tua palavra.
Ajuda-me a me apegar à sabedoria que ofereces.

DIA **72**

MEMORIAL DA BONDADE

Leitura: 2 Samuel 9:1-7

Davi perguntou: "Resta alguém da família de Saul, a quem eu possa mostrar bondade por causa de Jônatas?". v.1

Cresci numa igreja cheia de tradições. Uma delas ocorria quando um membro da família ou amigo amado morria. Muitas vezes, um banco de igreja ou uma pintura no corredor aparecia pouco depois com uma placa de latão afixada: "Em memória de..." com o nome do falecido gravado, lembrando-nos dessa pessoa. Sempre gostei desses memoriais e ainda gosto. No entanto, sempre me fazem parar porque são objetos estáticos e inanimados, literalmente, algo "não vivo". Há uma maneira de adicionar "vida" ao memorial?

Após a morte de seu amado amigo Jônatas, Davi quis lembrar-se dele e manter uma promessa feita (20:12-17). Mas, em vez de simplesmente buscar algo estático, Davi procurou e encontrou algo muito vivo — um filho de Jônatas (9:3). A decisão do rei Davi foi dramática. Ele escolheu mostrar bondade (v.1) a Mefibosete (vv.6,7) na forma de propriedade restaurada dando-lhe todas as terras que pertenciam ao seu avô Saul e a oferta perpétua de comer à mesa do rei.

À medida que, com placas e pinturas, continuamos a lembrar aqueles que morreram, que também possamos lembrar o exemplo de Davi e mostrar bondade aos que ainda estão vivos. *JB*

Quem morreu que você não quer esquecer?
Para você o quer dizer demonstrar
bondade específica para outra pessoa?

Jesus, por Tua grande benignidade, ajuda-me a demonstrar bondade em memória do que os outros me ensinaram.

DIA 73

QUANDO TUDO PARECE PERDIDO

Leitura: Salmo 22:1-5

Meu Deus, meu Deus, por que me abandonaste? v.1

Em seis meses, a vida de Geraldo se desfez. A crise econômica arruinou seus negócios e um trágico acidente tirou a vida de seu filho. Vencida, sua mãe teve um ataque cardíaco e morreu, a esposa dele entrou em depressão e suas duas filhas ficaram estavam inconsoláveis. Ele ecoou as palavras do salmista: "Meu Deus, meu Deus, por que me abandonaste?" (V.1).

A esperança de que Deus, que ressuscitou Jesus, um dia libertaria ele e sua família dessa dor para uma vida eterna de alegria o mantinha em pé. Geraldo esperava em Deus por respostas aos seus pedidos desesperados de ajuda. Em seu sofrimento, como o salmista Davi, ele decidiu confiar em Deus em meio ao seu pesar e manteve a esperança de que Deus o libertaria e salvaria (vv.4,5).

Essa esperança o sustentou. Ao longo dos anos, sempre que lhe perguntavam como estava, ele respondia: "Bem e confiando em Deus". Deus honrou essa confiança, dando a Geraldo o conforto, a força e a coragem para continuar com o passar dos anos. Sua família lentamente se recuperou da crise e logo ele deu as boas-vindas ao nascimento de seu primeiro neto. Seu choro é agora um testemunho da fidelidade de Deus. Ele já não pergunta mais: "Meu Deus, meu Deus, por que me abandonaste?" O Senhor o abençoou.

Quando parece que não sobrou nada, ainda há esperança. LK

Você se apega à esperança da libertação vinda de Deus? Como o ato de confiar em Deus o sustentou num desafio difícil?

Pai, apego-me à esperança que nos deste através da ressurreição de Cristo: a vida eterna.

DIA **74**

POSICIONANDO-SE SOBRE A FÉ

Leitura: João 19:38-42

...envolveram o corpo de Jesus em lençóis compridos de linho, junto com essas especiarias. v.40

Desmond Doss serviu na Segunda Guerra Mundial como não combatente. Suas crenças religiosas o impediam de portar armas, mas ele serviu habilmente como médico de combate. Em uma batalha, ele resistiu ao intenso fogo inimigo para retirar 75 soldados feridos de sua unidade à segurança. Sua história é contada no documentário *O objetor de consciência* (2004) e dramatizada no filme *Até o último homem* (2016).

A lista dos heróis da fé cristã inclui corajosos como Abraão, Moisés, Davi, Elias, Pedro e Paulo. No entanto, José de Arimateia e Nicodemos são heróis desconhecidos que arriscaram sua posição junto aos líderes judeus para recolher o corpo crucificado de Cristo e dar-lhe um enterro decente (vv.40-42). Esse foi o movimento ousado de um discípulo temeroso e secreto de Jesus e de Nicodemos, que antes se atrevera a visitá-lo apenas à noite (vv.38,39). Por que é impressionante eles terem assumido sua posição de fé *antes* de Jesus sair vitorioso do túmulo?

Talvez a maneira que Jesus morreu e o que se seguiu imediatamente (MATEUS 27:50-54) tenha cristalizado a sua fé inicial. Talvez tenham aprendido a se concentrar em quem Deus é e não no que o homem poderia fazer a eles. Qualquer que tenha sido a inspiração, hoje podemos seguir o exemplo deles e demonstrar coragem para, em favor de outros, assumir riscos pela fé em nosso Deus.

ROO

O que você pode fazer para demonstrar sua fé ao mundo?

"A coragem não é a ausência de medo, mas o triunfo sobre ele". NELSON MANDELA

DIA **75**

O PODER DO ENCORAJAMENTO

Leitura: Atos 15:12-21

Todos ouviram em silêncio [...] os sinais e maravilhas que Deus havia realizado por meio deles... v.12

Quando pequeno, Benjamin West tentou desenhar um retrato de sua irmã, mas fez apenas rabiscos. Sua mãe viu sua criação, beijou-o na cabeça e comentou: "Ora, é a Sally!". Mais tarde, ele diria que foi aquele beijo que o fez tornar-se um artista e o grande pintor norte-americano que foi. O encorajamento é algo poderoso!

Como uma criança aprendendo a pintar, Paulo não teve muita credibilidade no início de seu ministério, mas Barnabé confirmou o chamado dele. Foi pelo encorajamento de Barnabé que a igreja aceitou Saulo como cristão (9:27). Barnabé também incentivaria a incipiente igreja de Antioquia, ajudando-a a tornar-se uma das mais influentes no livro de Atos (11:22-23). E foi através do encorajamento de Barnabé e de Paulo que a igreja de Jerusalém aceitou os gentios convertidos como cristãos (15:19). Portanto, de muitas maneiras, a história da Igreja Primitiva é realmente uma história de encorajamento.

Deveríamos aplicar isso a nossa vida. Podemos até pensar que encorajar significa apenas dizer algo de bom a alguém. Mas, se pensarmos dessa forma, deixamos de reconhecer o poder duradouro que o encorajamento possui. Ele é um dos meios pelos quais Deus molda a nossa vida individualmente, assim como a vida da Igreja.

Agradeçamos a Deus pelos momentos em que recebemos encorajamento e esforcemo-nos para transmiti-lo aos outros. PC

*O encorajamento moldou
sua história de vida de alguma forma?*

**Pai, ajuda-me a ser grato por Tua provisão
e a encorajar as pessoas que estão ao meu redor.**

DIA **76**

REMOVENDO A NUVEM

Leitura: Isaías 25:1-9

Ali removerá a nuvem de tristeza, a sombra escura que cobre toda a terra. v.7

Um **brutal acidente** de carro devastou Mary Ann Franco. Embora ela tenha sobrevivido, os ferimentos a deixaram completamente cega. Ela explicou que via apenas escuridão. Passados 21 anos, ela machucou-se em uma queda. Depois de acordar da cirurgia (que não tinha nada a ver com os olhos), a visão dela voltou milagrosamente! Pela primeira vez em mais de duas décadas, Mary Ann viu o rosto da sua filha. O neurocirurgião insistiu em que não havia explicação científica para sua visão restaurada. A escuridão que parecia tão definitiva deu lugar à beleza e à luz.

As Escrituras, assim como a nossa experiência, dizem-nos que uma mortalha de ignorância e mal cobre o mundo, cegando a todos nós para o amor de Deus (v.7). Egoísmo e ganância, nossa autossuficiência, nosso desejo por poder ou imagem, todas essas compulsões obscurecem a nossa visão, tornando-nos incapazes de ver claramente o Deus que faz "coisas maravilhosas" (v.1).

Outra edição da Bíblia chama essa nuvem de tristeza de "a coberta que envolve a todos" (ARA). Se somos deixados por nossa conta, experimentamos apenas escuridão, confusão e desespero. Muitas vezes nos sentimos aprisionados tateando e tropeçando, incapazes de ver o caminho à nossa frente. Felizmente, Isaías afirma que Deus "removerá a nuvem de tristeza, a sombra escura que cobre toda a terra" (v.7)

Deus não nos deixará sem esperança. Seu amor radiante remove o que nos cega, surpreendendo-nos com a bela visão de uma vida maravilhosa e graça abundante. WC

Onde você sente a escuridão em seu mundo?
Como você imagina que Jesus destrói esse lugar?

Deus, a escuridão está em todo lugar. É tão difícil ver a Tua verdade e amor, mas confio somente em ti.

DIA **77**

COMA E REPITA

Leitura: Êxodo 16:14-18

Mas, agora, perdemos o apetite. Não vemos outra coisa além desse maná! Números 11:6

Quando Kelly e Paulo se casaram, nenhum dos dois sabia cozinhar. Mas, certa noite, Kelly decidiu preparar espaguete e fez tanto macarrão que sobrou para o dia seguinte. No terceiro dia, Paulo se ofereceu para cozinhar e dobrou a quantidade de macarrão e molho esperando que a porção durasse até o fim de semana. No entanto, quando o casal se sentou para jantar naquela noite, Kelly confessou: "Estou *farta* de espaguete".

Apenas imagine comer a mesma refeição por 40 anos como os israelitas tiveram que fazer. Todas as manhãs eles reuniam o doce "superalimento" que Deus preparava e o cozinhavam, sem sobras a menos que o dia seguinte fosse o sábado (vv.23-26). Ah, claro, eles foram criativos — assando, cozinhando (v.23). Mas, com certeza, como sentiam falta da comida boa que tinham no Egito (v.3; NÚMEROS 11:1-9), embora aquele alimento carregasse o alto custo da crueldade e escravidão!

Às vezes nós também podemos nos ressentir de que a vida não é mais o que costumava ser. Ou talvez a "mesmice" da vida nos cause o descontentamento. Mas em Êxodo 16 vemos a provisão fiel de Deus aos israelitas fazendo-os confiar e depender de Seu cuidado a cada dia. Deus promete nos dar tudo o que precisamos. Ele satisfaz os nossos anseios e enche a nossa alma de "coisas boas" (SALMO 107:9). CHK

De que maneiras Deus o proveu no passado?
Que ansiedade o impede de confiar mais nele?

Pai, obrigado por Tua promessa de cuidar fielmente de mim e suprir todas as minhas necessidades.

DIA **78**

ENCORAJAMENTO

Leitura: Romanos 15:1-6

Devemos agradar ao próximo visando ao que é certo, com a edificação deles como alvo. v.2

Na noite em que Abraham Lincoln, presidente dos EUA, foi baleado no teatro, seus bolsos continham: seus óculos, um limpa-lentes, um canivete, um relógio de bolso, um lenço e uma carteira de couro contendo uma nota confederada de cinco dólares e oito recortes de jornais elogiosos a ele e suas políticas. Pergunto-me o porquê daquele dinheiro em seu bolso, mas não tenho dúvidas sobre os recortes elogiosos. Todos precisam de encorajamento, até mesmo um grande líder como ele! Você consegue imaginá-lo lendo-os à sua esposa momentos antes da fatídica peça?

Quem precisa de encorajamento? *Todos!* Olhe a sua volta. Não há uma pessoa sequer em sua linha de visão que seja tão confiante quanto parece. Somos todos um fracasso, irônicos ou mal-humorados por insegurança.

E se todos nós obedecermos ao mandamento de Deus visando "ao que é certo, com a edificação deles como alvo"? (v.2). E se nos determinássemos apenas a falar "palavras bondosas" que são "doces para a alma e saudáveis para o corpo?" (PROVÉRBIOS 16:24). E se as escrevêssemos para que os amigos pudessem reler e saboreá-las? Então, todos nós teríamos anotações em nossos bolsos (ou telefones). E seríamos mais semelhantes a Jesus, que "não [agradou] a si mesmo", mas viveu para os outros (ROMANOS 15:3).   MEW

De quem foram as palavras que mais o encorajaram?
Você pode encorajar alguém ainda hoje?

Somos melhores quando encorajamos uns aos outros com nossas palavras, ações e presença.

DIA **79**

COISAS TÃO MARAVILHOSAS!

Leitura: Salmo 126

Que podemos dizer diante de coisas tão maravilhosas? Se Deus é por nós, quem será contra nós? v.31

Em 1989, o mundo ficou surpreso com a queda do Muro de Berlim. O muro que dividira a Alemanha, estava ruindo e a cidade dividida por 28 anos se uniria novamente. Embora o epicentro da alegria fosse na Alemanha, o mundo ao redor compartilhou desse júbilo. Algo maravilhoso aconteceu!

Quando Israel retornou à sua terra natal em 538 a.C., depois do exilio por quase 70 anos, também foi grandioso. O Salmo 126 começa com um olhar para o passado até o momento cheio de alegria na história de Israel. A experiência fora marcada pelo riso, cânticos alegres e o reconhecimento de outras nações de que Deus havia feito grandes coisas por Seu povo (v.2). E qual foi a reação dos destinatários da Sua misericórdia salvadora? Deus fez coisas grandiosas que despertaram grande alegria (v.3). Além disso, as Suas obras no passado se tornaram a base para novas orações para o presente e brilhante esperança para o futuro (vv.4-6).

Você e eu não precisamos olhar tão longe em nossas experiências para buscar exemplos de grandes coisas de Deus, especialmente se cremos em Deus através de Seu Filho, Jesus. Fanny Crosby, autora de hinos do século 19, capturou esse sentimento quando escreveu: "A Deus demos glória, com grande fervor, Seu Filho bendito por nós todos deu" (CC 15). Sim, a Deus seja a glória, pois Ele tem feito coisas tão maravilhosas!   ALJ

Que grandes coisas você experimentou da mão de Deus?

As coisas tão maravilhosas do passado podem inspirar grande alegria, muita oração e enorme esperança.

DIA **80**

MAIS DO QUE DICAS

Leitura: Salmo 111

Ele pagou o resgate por seu povo, garantiu para sempre sua aliança com eles; seu nome é santo e temível! v.9

Encontrei uma boa dica quando um dos meus netos aqueceu o seu coelho de pelúcia no vidro da nossa lareira. Os resíduos que o coelho de pelúcia deixou no vidro da lareira não eram nada bonitos, mas um especialista em lareiras nos ensinou um grande truque: uma dica para fazer o vidro parecer novo. Funcionou e agora não permitimos mais os bichos de pelúcia por perto da lareira!

Falo sobre isso porque às vezes podemos ver as Escrituras como uma coleção de dicas para tornar a vida mais fácil. Embora seja verdade que a Bíblia tenha muito a dizer sobre como viver de forma que se honre a Cristo, esse não é o único propósito desse Livro. O que as Escrituras nos fornecem é uma solução para a maior necessidade da humanidade: o resgate do pecado e da separação eterna de Deus. Da promessa de salvação em Gênesis 3:15 até a verdadeira esperança de um novo Céu e nova Terra (APOCALIPSE 21:1,2), a Bíblia explica que Deus tem um plano eterno para nos resgatar do pecado e permitir que desfrutemos da comunhão com Ele. Em cada história e cada sugestão de como viver, a Bíblia está nos direcionando para Jesus — o Único — que pode resolver o nosso maior problema.

Quando abrimos o Livro de Deus, lembremo-nos de que estamos procurando por Jesus, pelo resgate que Ele oferece e sobre como devemos viver sendo Seus filhos. Ele nos trouxe a melhor solução de todas! JDB

Como Jesus tocou o seu coração e a sua vida?

Pai, obrigado pela salvação em Jesus que é explicada tão claramente em Tua palavra.

DIA 81

O BULDOGUE E O IRRIGADOR

Leitura: Efésios 3:14-21

...Então vocês serão preenchidos com toda a plenitude de vida e poder que vêm de Deus. v.19

Em muitas manhãs de verão, testemunho um delicioso drama entre um irrigador e um buldogue no parque atrás de nossa casa. Por volta das 6h30, os irrigadores de jardim são ligados. Pouco depois, Fifi, a buldogue, chega à cena. O dono da Fifi a solta da coleira. A buldogue corre com toda a sua força até o irrigador mais próximo, atacando o fluxo de água que espirra sobre seu rosto. Se ela pudesse comê-lo, acho que o faria. Fifi retrata a exuberância absoluta, um desejo aparentemente infinito de ser encharcada pelo líquido que nunca lhe é o suficiente.

Não há buldogues nem irrigadores na Bíblia. Porém, de certa forma, a oração de Paulo em Efésios 3 me lembra de Fifi. Nesse capítulo, Paulo ora para que os cristãos efésios sejam cheios do amor de Deus e "possam compreender a largura, o comprimento, a altura e a profundidade do amor de Cristo". Ele orou para que nós também pudéssemos ser "preenchidos com toda a plenitude de vida e poder que vêm de Deus" (v.19).

Ainda hoje, somos convidados a experimentar o infinito amor de Deus que excede tudo o que podemos compreender, para que também possamos ser impregnados, repletos e totalmente satisfeitos por Sua bondade. Somos livres para mergulhar com liberdade, saborear e desfrutar do relacionamento com Aquele que sozinho pode preencher o nosso coração e nossa vida com amor, significado e propósito.

ARH

Quais barreiras o impedem de experimentar o amor de Deus?

Deus, obrigado por Teu amor infinito. Ajuda-nos a conhecer e experimentar o amor que tens por nós.

DIA **82**

IMUTÁVEL

Leitura: Salmo 103:13-22

Jesus Cristo é o mesmo ontem, hoje e para sempre.
Hebreus 13:8

Cari e eu recentemente viajamos para participar de nossa reunião de ex-alunos na cidade onde nos conhecemos e nos apaixonamos há 35 anos. Visitamos vários lugares onde passamos algumas das melhores horas da nossa juventude. Entretanto, quando chegamos ao local do nosso restaurante mexicano favorito, vimos uma loja de material de construção. Uma placa de ferro na parede homenageava o restaurante e as quatro décadas de serviços à comunidade.

Olhei para a calçada vazia, mas ainda familiar, que fora pontilhada alegremente com mesas coloridas e guarda-chuvas brilhantes. Tanta coisa muda ao nosso redor! Porém, em meio às mudanças, a fidelidade de Deus nunca mudou. Davi observou comovido: "Nossos dias na terra são como o capim; como as flores do campo, desabrochamos. O vento sopra, porém, e desaparecemos, como se nunca tivéssemos existido. Mas o amor do Senhor por aqueles que o temem dura de eternidade a eternidade. Sua justiça se estende até os filhos dos filhos" (vv.15-17). E Davi conclui com estas palavras: "Todo o meu ser louve o Senhor" (v.22).

O filósofo Heráclito disse: "Você nunca pode pisar no mesmo rio duas vezes". A vida está sempre mudando ao nosso redor, mas Deus permanece o mesmo e pode ser sempre confiável para cumprir Suas promessas! Sua fidelidade e amor podem ser contados de geração em geração. *JBB*

Traz-lhe conforto saber que Deus nunca muda?
Quando você precisou dessa certeza?

Deus, obrigado por nunca mudares e seres sempre confiável.
Ajuda-me a confiar em Teu amor e fidelidade.

DIA 83

DEUS E OS HIPÓCRITAS

Leitura: Gênesis 38:16-26

Ela é mais justa que eu... Gênesis 38:26

"Ficaria *muito* desapontado se um membro de nossa equipe fizesse isso", disse um jogador referindo-se a outro jogador que trapaceara. Mas, apenas dois anos depois, esse mesmo jogador foi pego em escândalo quase idêntico.

Pouco nos incomoda mais do que a hipocrisia. Mas, na história de Judá, o comportamento hipócrita dele teve consequências quase mortais. Depois que dois de seus filhos morreram logo após se casarem com Tamar, Judá silenciosamente abandonou seu dever de prover as necessidades dela (vv.8-11). Desesperada, Tamar se disfarçou usando um véu de prostituta, e Judá dormiu com ela (vv.15,16). No entanto, quando Judá soube que sua nora viúva estava grávida, sua reação foi assassina. "Tragam-na para fora e queimem-na!", ordenou ele (v.24). Mas Tamar podia provar que Judá era o pai (v.25). Ele poderia ter negado a verdade. Em vez disso, admitiu sua hipocrisia e aceitou sua responsabilidade de cuidar dela, dizendo: "Ela é mais justa que eu" (v.26).

Deus entrelaçou esse capítulo sombrio da história de Judá e Tamar na Sua história de nossa redenção. Os filhos de Tamar (vv.29,30) se tornariam ancestrais de Jesus (MATEUS 1:2,3). Por que há esse relato em Gênesis 38 na Bíblia? Porque é a história do nosso coração humano hipócrita e do coração de amor, graça e misericórdia de Deus.

TLG

O que aconteceria se todos nós nos tornássemos transparentes uns com os outros?

Ajuda-me a ver, Pai, que todos nós somos hipócritas e precisamos do Teu perdão.

DIA 84

PROPÓSITO NA DOR?

Leitura: 2 Coríntios 1:3-7

Ele nos encoraja em todas as nossas aflições, para que [...] possamos encorajar outros quando eles passarem por aflições. v.4

Quando **Siu Fen** descobriu que tinha insuficiência renal e precisaria de diálise pelo resto da vida, pensou em desistir. Aposentada e solteira, a cristã de longa data não viu motivos para prolongar sua vida. Mas os amigos a convenceram a perseverar, a fazer diálise e a confiar que Deus a ajudaria.

Dois anos depois, sua experiência lhe foi útil ao visitar uma amiga da igreja com uma doença incapacitante. A mulher se sentia só, e poucos conseguiam de fato entender sua situação. Mas Siu Fen se identificou com a dor física e emocional e conectou-se com ela de forma pessoal. Sua própria jornada permitiu que ela caminhasse com aquela mulher, dando-lhe uma medida especial de conforto que os outros não conseguiam lhe dar, e disse: "Agora vejo que Deus ainda pode me usar".

Pode ser difícil entender o motivo de sofrermos, porém Deus pode usar a nossa aflição de maneiras inesperadas. Quando buscamos no Senhor o consolo e o amor em meio às provações, também somos capacitados a ajudar os outros. Não é de se admirar que Paulo tenha aprendido a ver propósito no próprio sofrimento: isso lhe dava a oportunidade de receber o consolo de Deus, o qual ele poderia usar para abençoar os outros (vv.3-5). Não devemos negar a dor ou o sofrimento, mas podemos crer na capacidade divina de usá-los para o bem. LK

Como Deus o usa para levar conforto a outros?
A sua fé o ajuda a perseverar?

Senhor, ajuda-me a continuar confiando em ti e a compartilhar o Teu amor e conforto.

DIA **85**

NUNCA PERCA A ESPERANÇA

Leitura: Lucas 8:40-48

Então [Jesus] disse: "Filha, sua fé a curou. Vá em paz". v.48

Minha amiga recebeu um diagnóstico de câncer e o médico a aconselhou a colocar seus assuntos em ordem. Ela me ligou, soluçando, preocupada com o marido e os filhos pequenos. Compartilhei seu pedido urgente de oração com amigos em comum. Alegramo-nos quando outro médico a incentivou a nunca perder a esperança e confirmou que sua equipe faria o possível para ajudá-la. Embora alguns dias fossem mais difíceis do que outros, ela se concentrou em Deus, e não nas probabilidades que agiam contra ela e nunca desistiu.

Essa fé perseverante me lembra da mulher desesperada em Lucas 8. Cansada por 12 anos de sofrimento contínuo, decepção e isolamento, aproximou-se de Jesus por trás e estendeu a mão em direção à bainha de Seu manto. Esse ato de fé trouxe-lhe a cura imediata. Ela esperou e creu persistentemente que Jesus era capaz de fazer o que os outros não puderam, por mais impossível que parecesse a sua situação (vv.43,44).

Podemos sentir dores que parecem intermináveis, situações sem esperança ou esperas quase insuportáveis. Suportar momentos em que as probabilidades contra nós são intransponíveis sem experimentar a cura que ansiamos enquanto continuamos a confiar em Cristo. Mesmo assim, Jesus nos convida a buscá-lo, confiar nele e jamais perder a esperança, a crer que Ele é sempre capaz e confiável e que está ao nosso alcance. XED

Você confia em Jesus apesar dos desafios?
Encontra esperança nele?

Jesus, obrigado por nos lembrares
que nunca estamos fora do Teu alcance ou
sem esperança. Tu fazes o que ninguém pode.

DIA **86**

GANANCIOSO INSACIÁVEL

Leitura: Eclesiastes 4:4-8

É melhor ter um punhado com tranquilidade que dois punhados com trabalho árduo e correr atrás do vento. v.6

Na antiga fábula de Esopo *O menino e a jarra de nozes*, um garoto enfia a mão em um pote de nozes e agarra um grande punhado delas. Mas a mão dele está tão cheia que fica presa no jarro. Não querendo perder nem um pouco de suas nozes, o menino começa a chorar. A mãe o aconselha a soltar algumas nozes para que a mão passe pelo bocal da jarra. A ganância é má conselheira.

O sábio Mestre de Eclesiastes ilustra essa moral com uma lição sobre as mãos e o que elas dizem sobre nós. Ele comparou e contrastou o preguiçoso com o ganancioso quando escreveu: "Os tolos cruzam os braços e se arruínam. [...] É melhor ter um punhado com tranquilidade que dois punhados com trabalho árduo e correr atrás do vento" (vv.5,6). Enquanto os preguiçosos procrastinam até se arruinarem, aqueles que buscam riquezas percebem que seus esforços não fazem "sentido, e é tudo angustiante" (v.8).

De acordo com o Mestre, o estado desejado é relaxar da labuta do ganancioso para encontrar contentamento naquilo que realmente nos pertence. Pois aquilo que é nosso sempre o será. Como Jesus disse: "Que vantagem há em ganhar o mundo inteiro, mas perder a vida?" (MARCOS 8:36). ROO

Quais objetivos você busca alcançar?
Como você pode aplicar as sábias palavras de Eclesiastes para encontrar tranquilidade?

Deus, obrigado por Tua provisão e presença fiel em minha vida. Ajuda-me a viver da maneira que te agrada manifestando verdadeira gratidão a ti.

DIA **87**

CÍRCULOS DE ALERTA

Leitura: Hebreus 10:19-25

Portanto, animem e edifiquem uns aos outros, como têm feito. 1 Tessalonicenses 5:11

As gazelas africanas formam instintivamente "círculos de alerta" quando descansam. Elas se reúnem em grupos com cada animal voltado para fora do círculo focando numa direção diferente. Isso permite que rastreiem o horizonte em 360 graus e vejam os perigos ou oportunidades que se aproximam. Não vigiam apenas a si mesmas; os membros do grupo cuidam uns dos outros. Essa é também a sabedoria de Deus para os cristãos. "Pensemos em como motivar uns aos outros na prática do amor e das boas obras. E não deixemos de nos reunir" (vv.24,25).

O autor de Hebreus explica que Deus jamais teve a intenção de que vivêssemos isolados. Juntos somos mais fortes. Somos capazes de nos encorajarmos "mutuamente" (v.25), "para que, com o encorajamento que recebemos de Deus, possamos encorajar outros quando eles passarem por aflições" (2 CORÍNTIOS 1:4), e ajudar a ficarem alertas aos esforços do nosso inimigo, o diabo, que "anda como um leão rugindo à sua volta, à procura de alguém para devorar" (1 PEDRO 5:8).

O objetivo do nosso cuidado uns pelos outros é muito mais do que sobrevivência. É para nos tornarmos como Jesus: servos amorosos e eficazes de Deus neste mundo, pessoas que juntas aguardam com confiança a esperança de Seu reino vindouro. Todos nós precisamos de encorajamento, e Deus nos ajudará a auxiliar uns aos outros enquanto juntos nos aproximamos dele em amor. JBB

Quem você pode encorajar com o amor de Deus?

Obrigado por Tua fidelidade, amoroso Deus.
Ajuda-me a encorajar outros a ansiarem por ti!

DIA 88

EXISTE ESPERANÇA?

Leitura: Romanos 8:31-39

Se Deus é por nós, quem será contra nós? v.31

A vida de Edward Payson (1783–1827) foi difícil. A morte do seu irmão mais novo o abalou demais, ele lutou com o transtorno bipolar e tinha enxaquecas severas por dias a fio. Como se não bastasse, a queda de um cavalo causou-lhe paralisia num dos braços e ele quase morreu de tuberculose! No entanto, a sua reação não era de desespero e desesperança. Seus amigos disseram que ele sentia intensa alegria antes de falecer. Como pode ser?

Na carta aos cristãos em Roma, o apóstolo Paulo expressou sua total confiança no amor de Deus, independentemente das circunstâncias. Ele perguntou com ousadia: "Se Deus é por nós, quem será contra nós?" (v.31). Se Deus deu Seu próprio Filho, Jesus, para nos salvar, então Ele proverá tudo o que precisamos para terminar bem esta vida. Paulo enumerou sete situações aparentemente insuportáveis que enfrentou: aflições, calamidades, perseguições, fome, miséria, perigos ou ameaças de morte. (v.35). Ele não deu a entender que o amor de Cristo impediria que coisas ruins acontecessem. Mas disse: "apesar de tudo isso, somos mais que vencedores por meio daquele que nos amou" (v.37).

Em meio às incertezas deste mundo, podemos confiar completamente em Deus, sabendo que nada, absolutamente nada, "jamais poderá nos separar do amor de Deus revelado em Cristo Jesus, nosso Senhor" (v.39). *EPE*

A qual promessa de Deus você pode se apegar, sabendo que Ele é fiel para cumpri-la?

Pai, tu és fiel, sou grato, pois não importa quão cinzenta a vida possa parecer, confio em Tuas promessas.

DIA **89**

VISITANTE PARA O NATAL

Leitura: Lucas 2:25-33

Soberano Deus, agora podes levar em paz o teu servo, como prometeste. v.29

Na véspera do Natal de 1944, o "Old Brinker" estava à beira da morte no hospital da prisão, esperando pelo culto de Natal que seria liderado por outros prisioneiros. "Quando começará a música?", ele perguntou ao seu companheiro na prisão William McDougall, em Sumatra, Indonésia. "Em breve", respondeu McDougall. "Bom, poderei compará-la ao cântico dos anjos", disse-lhe o moribundo.

Embora Brinker tivesse se afastado de sua fé em Deus décadas antes, em seus últimos dias ele confessou seus pecados e encontrou a paz com o Senhor. Em vez de cumprimentar os outros com o olhar amargo, ele sorria. McDougall disse que "a transformação fora grande".

Brinker morreu pacificamente depois que o coro de 11 presos cantou a seu pedido, "Noite de Paz". Sabendo que Brinker mais uma vez seguia a Jesus e se uniria a Deus no Céu, McDougall observou: "Talvez a morte tenha sido muito bem-vinda para o Natal desse velho companheiro".

Brinker aguardando a sua morte me faz lembrar de Simeão, um homem piedoso a quem o Espírito Santo revelou que "ele não morreria enquanto não visse o Cristo enviado pelo Senhor". Quando Simeão viu Jesus no Templo, exclamou: "agora podes levar em paz o teu servo, como prometeste. Vi a tua salvação" (vv.26,29,30). A fé salvadora em Jesus é o maior presente de todos os tempos que podemos receber ou compartilhar. ABP

Como Jesus lhe traz alegria e o transforma?

Jesus, obrigado por trazeres a paz através da Tua morte e ressurreição. Ajuda-me a compartilhar a Tua dádiva de salvação com alguém que já conheço ou que encontrar.

DIA **90**

PRODUZINDO ATÉ O FIM

Leitura: Salmo 92:12-15

Mesmo na velhice produzirão frutos; continuarão verdejantes e cheios de vida. v.14

Lenore Dunlop era lúcida aos 94 anos. Seu sorriso era brilhante e muitos sentiam seu amor contagiante por Jesus. Era comum encontrá-la na companhia dos jovens da igreja e sua presença e participação traziam alegria e encorajamento. Sua vida era tão vibrante que sua morte nos pegou desprevenidos. Como corredora poderosa, ela cruzou a linha de chegada. Sua energia e zelo eram tais que, poucos antes de morrer, ela completara um curso de 16 semanas sobre levar a mensagem de Jesus ao redor do mundo.

O Salmo 92 ilustra a vida frutífera e de honra a Deus. Ele descreve o desabrochar, o florescer e os frutos da vida daquele que está enraizado no relacionamento correto com Deus (vv.12,13,15). As duas árvores retratadas eram respectivamente valorizadas por suas frutas e madeira, respectivamente; com estas, o salmista capta uma sensação de vitalidade, prosperidade e utilidade. Quando vemos amadurecerem e florescerem, em nossa vida, os frutos do amor, do compartilhar, do ajudar e de conduzir outros a Cristo, devemos nos alegrar.

Mesmo para os que podem ser rotulados como "sênior" ou "experiente", nunca é tarde demais para criar raízes e dar frutos. A vida de Lenore estava profundamente enraizada em Deus através de Jesus, e ela testemunhou a bondade do Senhor (v.15). O nosso fruto também pode fazer o mesmo. ALJ

Sua vida reflete o fruto encontrado
no relacionamento crescente com Jesus?

Pai, concede-me forças para dar frutos que demonstrem que estou enraizado em Teu Filho Jesus.